Bauernbefreiung und Agrarreformen
in Niedersachsen

Schrifttum zur Heimatpflege

Veröffentlichungen
des Niedersächsischen Heimatbundes

Band 4

Bauernbefreiung und Agrarreformen in Niedersachsen

1989
VERLAG AUGUST LAX HILDESHEIM

Karl Heinz Schneider · Hans Heinrich Seedorf

·Bauernbefreiung und Agrarreformen in Niedersachsen

1989

VERLAG AUGUST LAX HILDESHEIM

CIP-Titelaufnahme der Deutschen Bibliothek

Schneider, Karl Heinz:
Bauernbefreiung und Agrarreformen in Niedersachsen /
Karl Heinz Schneider; Hans Heinrich Seedorf. —
Hildesheim: Lax, 1989
  (Schriften zur Heimatpflege; Bd. 4)
  ISBN 3-7848-5104-5
NE: Seedorf, Hans Heinrich:; GT

Redaktion: Dr. Dietmar Storch

Umschlaggestaltung: Adrian Raasch

Titelbild: Zwei Meßgehilfen mit Meßkette bei der
Neuvermessung einer Wiese in der Innersteaue bei Hildesheim
Karte von Johann Arnold Schaken (1723)
Original im HStA Hannover (22i Marienburg 5 m)

Inhalt

Abbildungsverzeichnis

Vorwort

Das unter maßgeblichem Einfluß des Reformpolitikers Johann Carl Bertram Stüve 1831 entstandene Ablösungsgesetz sowie die Ablösungsordnung dazu von 1833 führten auch im Königreich Hannover, gut 20 Jahre nach entsprechenden gesetzlichen Regelungen in Preußen, zur Bauernbefreiung. „Die niedersächsischen Verhältnisse glücklich berücksichtigend", bildete sie, so der Historiker Wilhelm Treue, im deutschen Gesamtrahmen der Bauernbefreiung „den gelungensten Abschnitt".

Anders als im Staat der Hohenzollern, wo die Gutsherren für die Ablösung der Grundlasten auf dem Wege der Abtretung von Bauernland entschädigt wurden, kam es in den welfischen Staaten (Hannover und Braunschweig) nicht zur Ausweitung des Großgrundbesitzes, weil die Regulierung hier statt dessen „Kapitalzahlung und Geldrente" vorsah. Soweit Landabtretungen überhaupt zulässig waren, durften sie nur in einer Größenordnung von „⅛ der Flur" vorgenommen werden. Ähnlich lagen die Dinge in Oldenburg und Schaumburg-Lippe. Mit der Bauernbefreiung und der Neuverteilung des Grundbesitzes in Niedersachsen, die zu Recht insgesamt als politische Agrarreformen bezeichnet werden, waren zugleich die Voraussetzungen dafür geschaffen, auch eine betriebswirtschaftliche Reform durchzuführen. Sie bestand im wesentlichen in Gemeinheitsteilungen und Verkoppelungen, die sich in einem sachlich wie rechtlich komplizierten Prozeß vollzogen.

Trotz vieler zukunftsweisender Vorzüge ließen die Agrarreformen in den historischen Ländern auf niedersächsischem Boden freilich auch Benachteiligte zurück. Wer etwa als An-, Abbauer oder Häusling keinen Hof besaß, und dies waren nicht wenige, blieb auch weiterhin ohne eigenen Landbesitz und lebte oft in drückenden sozialen Verhältnissen. Nicht zuletzt dadurch wurden durch Abwanderung Arbeitskräfte freigesetzt, die dem raschen Ausbau der Industrie zugute kamen, allerdings auch in größerer Zahl sich zur Auswanderung entschlossen.

Bauernbefreiung und Agrarreformen veränderten unter anderem das Gesicht der niedersächsischen Feldflur und führten zu einer deutlichen Steigerung der Erntemengen. Darüber hinaus schufen sie die Rahmenbedingungen für Landwirte, sich künftig rascher und wirkungsvoller an veränderte Gegebenheiten anzupassen. Gerade das wird heute in besonderem Maße verlangt, vor allem in Niedersachsen, dem zweitgrößten Agrarland der Bundesrepublik Deutschland, mit seinen etwa 110 000 landwirtschaftlichen Betrieben.

Gegenwärtig steht die Landwirtschaft erneut inmitten eines tiefgreifenden Strukturwandels. Mit ihrer Schrift will die Niedersächsische Landeszentrale für politische Bildung zeigen, wie geschichtliche Erfahrung zum Auslöser von veränderndem Handeln wird, wie aus der Auseinandersetzung mit obsolet gewordenen

Verhältnissen der Vergangenheit Weichen für die Zukunft gestellt wurden und praktische Politik sich in notwendige Reformen umsetzte. Sie möchte dem Bürger Probleme des ländlichen Raumes näherbringen und sein Engagement für eine wirtschaftlich und ökologisch gesunde Landwirtschaft fördern.

Die vorliegende Publikation entstand in fruchtbarer Zusammenarbeit des Historikers Dr. Karl Heinz Schneider mit dem Geographen Professor Dr. Hans Heinrich Seedorf (beide von der Universität Hannover) sowie im Zusammenwirken mit dem Niedersächsischen Heimatbund, der das Manuskript im Rahmen seiner Schriftenreihe „Bausteine zur Heimat- und Regionalgeschichte" erarbeiten ließ und dessen ebenso vielfältige wie unentbehrliche landesweite Tätigkeit die Landeszentrale unter dem Gesichtspunkt der politischen Bildung unterstützt.

Die Schrift will in Text und Kartenbildern vor allem den Lehrern und Heimatforschern, aber auch den historisch-politisch interessierten Bürgern Material in die Hand geben und ihnen Wege aufzeigen, wie man für den eigenen Heimatraum diese für Niedersachsens Dörfer so umwälzende Zeit eigenständig und sachgerecht aufarbeiten kann.

Die Landeszentrale dankt allen, die am Zustandekommen der Schrift mitgewirkt haben, darunter Frau Ute Bertrang und Herr Werner Hartung vom Niedersächsischen Heimatbund.

Dr. Wolfgang Scheel
Direktor der Niedersächsischen Landeszentrale für politische Bildung

A) Einleitung

Soweit man die Geschichte des ländlichen Raumes überblicken kann, haben wohl selten staatliche Maßnahmen so entscheidend und umwälzend in die Struktur und Wirtschaft der Dörfer eingegriffen wie die Ablösungen und die damals Gemeinheitsteilungen und Verkoppelungen genannten Flurbereinigungen. Sie lösten die jahrhundertealten Besitzrechte, wie z.B. das Meierrecht, mit den auf den Höfen und kleineren Stellen lastenden Verpflichtungen ab und machten den Weg frei für eine leistungs- und marktorientierte Landwirtschaft.

Man kann deshalb für die Zeit zwischen 1750 und 1870, die das Leben in unseren Dörfern und das Bild der Landschaft von Grund auf veränderte, von einer „Agrarrevolution" sprechen, wenn auch der lange Zeitraum und die Art der Veränderungen eher den Eindruck eines stetigen Wandels erwecken[1].

Im Verlauf der 120 Jahre geschahen vor allem drei Dinge:

— Die Bauern wurden aus vielfältiger herrschaftlicher Abhängigkeit frei. Wir nennen das „Ablösungen".

— Bislang genossenschaftlich genutzte Flächen in der Umgebung des Dorfes wurden an die einzelnen Nutzungsberechtigten verteilt. Wir nennen das „Gemeinheitsteilungen" bzw. „Markenteilungen".

— Das oft in viele hundert kleine und kleinste Parzellen zersplitterte Ackerland der Dörfer wurde zu größeren Feldkomplexen zusammengelegt. Wir nennen diesen Vorgang „Verkoppelung" bzw. „Separation".

Anlaß der Bauernbefreiung war einerseits die starke Bevölkerungsvermehrung. In einhundert Jahren hatte sich die Zahl der Dorfbewohner zumeist verdoppelt, ja stellenweise verdreifacht, so daß die Ackerflächen und Viehbestände nicht mehr ausreichten, alle Familien zu ernähren. Andererseits wurden die Reformen mit allem Nachdruck betrieben, um die Zahl der Steuerpflichtigen und die Einnahmen für die Staatskasse zu erhöhen.

Um den für die Dorf- und Regionalgeschichte so wichtigen Landschafts- und Strukturwandel erfassen zu können, sollen in diesem „Baustein" die ländlichen Verhältnisse vor und während der Bauernbefreiung und den Agrarreformen behandelt werden. Das kann wegen der damals im Gebiet des heutigen Niedersachsen vorhandenen staatlichen Zerrissenheit z.T. nur exemplarisch erfolgen. Die Verfasser haben sich jedoch bemüht, auch kleinere Territorien zu berücksichtigen.

---

1 Auch in der englischen Literatur wird der Begriff „Agrarrevolution" verwendet (vgl. J. D. Chambers u. G. E. Mingay: The Agricultural Revolution 1750—1880. London 1968).

B) Zum Begriff „Bauernbefreiung"

Unter dem Begriff „Bauernbefreiung" sollen in diesem Baustein Ablösungen, Gemeinheitsteilungen und Verkoppelungen zusammengefaßt werden. Gemeinhin bezieht sich dieser Begriff nur auf die Ablösungen, also die Lösung der Bauern aus herrschaftlicher Abhängigkeit. Dagegen werden alle drei Reformen vorwiegend als „*Agrarreformen*", oft als „liberale Agrarreformen", bezeichnet.

Der in diesem Band gewählte Begriff der *Bauernbefreiung für alle drei Reformbereiche* erscheint trotzdem angemessen. Zunächst gilt es zu bedenken, daß er einem weitverbreiteten Sprachgebrauch unter Nicht-Fachhistorikern entspricht. Schwerer wiegt, daß auch inhaltliche Gründe für ihn sprechen. Denn Gemeinheitsteilungen und Verkoppelungen stellten ebenfalls eine Befreiung dar, eine Befreiung von gemeindlicher Abhängigkeit. Die vielen genossenschaftlich genutzten Flächen, die Gemeinheiten, Angerflächen, Marken und Servituten, begrenzten den Verfügungsfreiraum des einzelnen Bauern bisweilen ganz erheblich. Die extrem starke Zersplitterung des Landes in viele kleine Parzellen machte gemeinsame Absprachen notwendig, bedingte also ebenfalls eine genossenschaftliche Bewirtschaftung und verhinderte eine individuelle.

Der Begriff „Bauernbefreiung" ist erst vor hundert Jahren, nach Abschluß der einzelnen Reformen, eingeführt worden. Damals bezeichnete er ausschließlich die Befreiung der Bauern von der Gutsherrschaft in den östlichen Provinzen Preußens[1]. Von Beginn an hatte dieser Begriff eine doppelte Bedeutung. Mit der Bauernbefreiung wurden in Preußen nach 1807 die Bauern zwar von herrschaftlicher (gutsherrlicher) Abhängigkeit frei, doch zugleich wurde eine große Anzahl der Bauern auch von ihrem eigenen Land „befreit" und zu landlosen Landarbeitern.

Im Gebiet des heutigen Niedersachsen verlief die Bauernbefreiung anders. Sie erfolgte nicht durch Landabtretung wie in Preußen, sondern durch Geldzahlungen. Krasse Eingriffe in den Besitzstand der Bauern unterblieben dadurch. Ganz so bauernfreundlich, wie manchmal dargestellt, waren indes auch diese Reformen nicht. Vielmehr rückte an die Stelle der bisherigen grund- und gutsherrlichen Abhängigkeit nunmehr die vom Staat. Schließlich stellten die hohen Ablösungsgelder eine große Belastung dar, die nicht selten zu einer langfristigen Verschuldung der Höfe führte.

Befreiungen mit einem Hinter-Sinn waren ebenfalls die *Gemeinheitsteilungen und Verkoppelungen*. Zu leiden hatten dadurch in vielen Fällen die „kleinen Leute", die An- und Abbauer, Heuerlinge, Einlieger oder Häuslinge. Sie verloren

---

1 G. F. Knapp: Die Bauernbefreiung und der Ursprung der Landarbeiter in den älteren Theilen Preußens. 2 Bde. Leipzig 1887. Die neueste Gesamtdarstellung unter Ausklammerung der Gemeinheitsteilungen und Verkoppelungen bietet Ch. Dipper: Die Bauernbefreiung in Deutschland. 1790 — 1850. Stuttgart u.a. 1980.

mit der Auflösung der Gemeinheitsflächen einen Teil ihres Lebensunterhalts. Auswanderung nach Übersee oder Übersiedlung in eine Stadt waren für viele von diesen Menschen oft die einzige Alternative.

Der Heimatforscher, der sich der Bauernbefreiung zuwendet, wird besonders mit *drei Quellengruppen* arbeiten müssen: Ablösungsverträgen, Teilungs- und Verkoppelungsrezessen und den zu den Rezessen gehörenden Karten. In allen drei Fällen handelt es sich um amtliche Verträge oder Abschriften davon. Ihnen ist gemeinsam, daß sie zwei Zustände dokumentieren: den vor und den nach der Reform. *Ablösungsverträge* nennen die bisherigen Belastungen und die Art der Ablösung; *Teilungs- und Verkoppelungsrezesse* beschreiben zunächst die alte Nutzung, dann die neue. Entsprechend geben die *Karten* sowohl den alten als auch den neuen Zustand der Feldmark wieder. Damit greifen die Informationen dieser Quellen weit über die Reformen hinaus, sie ermöglichen uns teilweise noch Einblicke in dörfliche Verhältnisse des 17./18. Jahrhunderts oder noch älterer Zeiten. Die Karten sind oft die ersten brauchbaren Flurkarten überhaupt.

Diesen Vorteilen stehen aber auch Nachteile gegenüber. So enthalten die Ablösungsverträge Begriffe, die im Text nicht weiter erklärt werden. Sodann sind die einzelnen Bestimmungen der Verträge nur zu verstehen, wenn die ihnen zugrunde liegenden gesetzlichen Regelungen zumindest in ihren Grundzügen bekannt sind. Ohne ergänzende Informationen zu den Formen und Folgen der bäuerlichen Abhängigkeit sowie ohne Kenntnis der gesetzlichen Grundlagen der Bauernbefreiung bleiben viele Informationen der genannten Quellen unverständlich.

Die *Gesetze zur Bauernbefreiung* weisen auf den Anteil, den der Staat an den Reformen hatte. Er schuf damit erst die Grundlagen für umfassende Veränderungen. Hinter den Reformgesetzen, Gemeinheitsteilungsordnungen wie Ablösungsgesetzen, standen zudem komplizierte und alle Bereiche der damaligen ländlichen Gesellschaft erfassende Geschehnisse.

Für den Heimatforscher sind diese Geschehnisse höchst bedeutsam, denn sie spiegeln sich auch in den Verhältnissen eines jeden Dorfes wider. Gleichzeitig wird die Bedeutung spezieller örtlicher Besonderheiten erst vor dem Hintergrund allgemeiner Entwicklungen sichtbar.

Auf beides möchte dieser Baustein hinwirken. Der allgemeine Ablauf der Bauernbefreiung, die Ablösungen, Gemeinheitsteilungen und Verkoppelungen stehen im Mittelpunkt des Buches. Daneben sollen aber anhand einzelner Beispiele dem Heimatforscher Hinweise gegeben werden, wie er für seinen Ort dieses Thema bearbeiten kann. Es werden ihm nicht nur die jeweiligen Quellen vorgestellt (Ablösungsrezesse, Verkoppelungsrezesse, Karten), sondern sie werden in ihrer Bedeutung erläutert.

12

Skizze der liberalen Agrarreformen im 19. Jahrhundert in Nordwestdeutschland

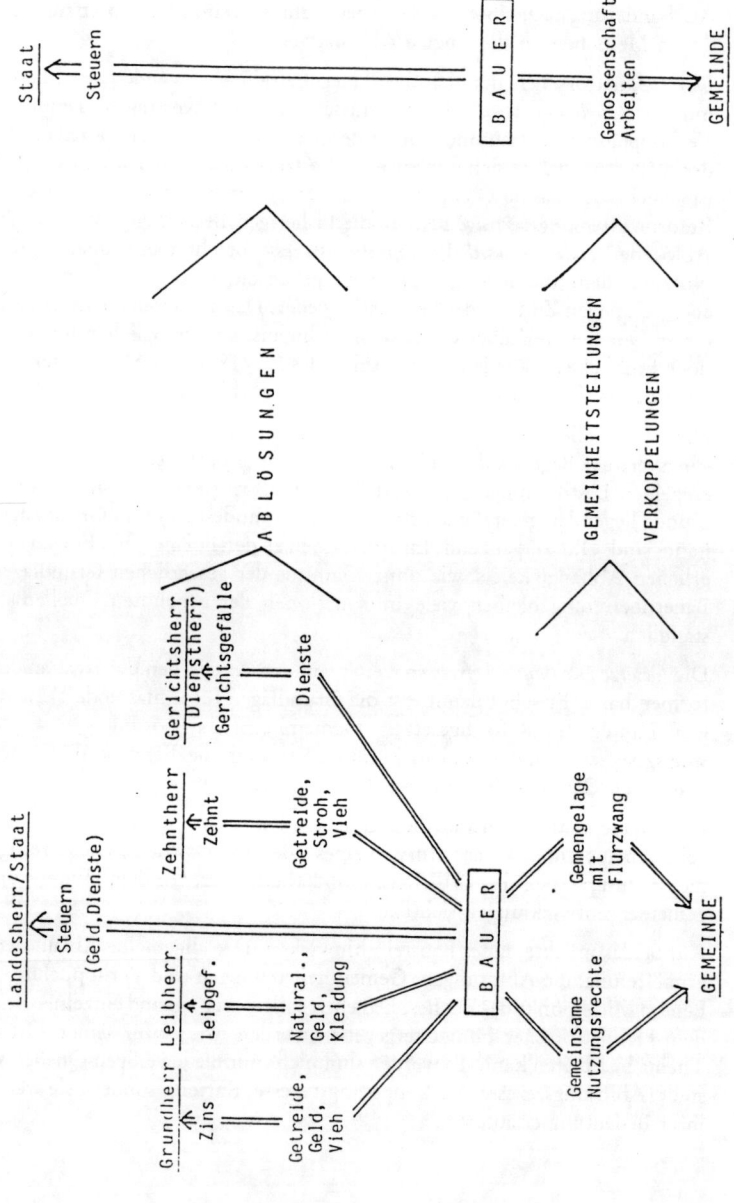

C) Die Kultur- und Wirtschaftslandschaft vor den Gemeinheitsteilungen und Verkoppelungen

1. Siedlungs- und Wirtschaftsbedingungen

Seit der Jungsteinzeit, seit der neolithischen Revolution, die den Ackerbau, die Viehzucht und die ersten Dauersiedlungen brachte, ist die Lebensgrundlage der Bevölkerung die Landwirtschaft gewesen. Die auf Selbstversorgung ausgerichtete Landwirtschaft stellte an den zu nutzenden Raum fünf Wirtschafts- und Siedlungsbedingungen. Es mußten vorhanden sein:

1. eine Nährfläche, d. h. ein lehmiger bis anlehmiger Boden für die Brotgetreideerzeugung,
2. Wasser für Mensch und Tier,
3. ein trockener Baugrund für das Haus,
4. Grünland für die Winterfutterversorgung (Heugewinnung) und hofnahe Nachtweiden (Wischhöfe),
5. Sommerweideflächen für Rinder, Schafe, Schweine (anfangs Waldweide, die vielfach zu Heide- und Bruchfläche wurde).

Die ersten Dauersiedlungen, seien es nun Einzel- oder Doppelhöfe oder kleine Dörfer, finden sich dort, wo diese Wirtschafts- und Siedlungsbedingungen in idealer Weise erfüllt waren, im Gebiet der Lößböden und rund 1500 Jahre später auf den Geschiebelehmplatten und Sandlößflächen der Geest.

Für die Lage der Altdörfer war das räumliche Zusammentreffen der genannten fünf Siedlungsbedingungen von Bedeutung. Sie waren am besten am Rande der Talauen erfüllt (vgl. Abb.1). Als diese bevorzugten Siedlungsflächen vergeben waren und in den bisher gemiedenen Gebieten Landesherren und Lokatoren neue Siedlungen gründeten, wie die hochmittelalterlichen und frühneuzeitlichen Plansiedlungen (Marsch-, Wald-, Moor- und Hagenhufen- sowie andere Dörfer, Rundlinge, Einzelhöfe besonders in den Marschen und anderen Gebieten), fehlten häufig eine oder mehrere der genannten Siedlungsbedingungen. Sie konnten durch technische Maßnahmen (z.B. Entwässerungsarbeiten und Deichbau, künstliche Aufhöhung der Wohnplätze, Anlage von Zisternen, Anwendung besonderer Düngemethoden) oder durch den Verzicht auf die Brotgetreideerzeugung und Ausfuhr spezieller marktgerechter Produkte ersetzt werden. Doch dies blieben Sonderformen, die hier nicht berücksichtigt werden können. Auch ist zu bedenken, daß die Siedlungen nach den jeweiligen Erfordernissen der Zeit in den unterschiedlichen Siedlungsperioden entstanden und umgewandelt wurden.

An dieser Stelle soll ein allgemeines Bild von der Kultur- und Wirtschaftslandschaft für die Zeit vor den Gemeinheitsteilungen und Verkoppelungen gezeichnet werden. Es bestand aus den Elementen Dorf, Feldmark und Gemeinheit. Sie wiederum waren Ausdruck der weitgehend autarken Wirtschaftsweise der Höfe und des Dorfes und der später noch zu behandelnden vielfältigen Rechtsverhältnisse und Abhängigkeiten.

2. Gliederung des Wirtschafts- und Siedlungsraumes

Vor den Agrarreformen war der Siedlungsraum aufgeteilt in die bereits genannten drei Landschafts- und Wirtschaftselemente, die etwa ringförmig umeinanderlagen: Im Kern das *Dorf*, daran anschließend als mehr oder weniger geschlossener Innenring die *Feldmark* und als Außenzone die *Gemeinheit* (Mark), an die sich nur noch in wenigen Gebieten, insbesonders im Bergland, die Reste des ehemaligen *Bannwaldes* anschlossen.

Mit der Bevölkerungszunahme und der Stellenvermehrung in den Dörfern hatten sich im Laufe der Zeit die Ringe immer stärker ausgedehnt und sich nach außen verlagert. In den meisten Fällen stieß der Außenring der Gemeinheit mit dem der Nachbardörfer zusammen, was zu den in vielen Urkunden belegten Konflikten um die Weide- und Holzberechtigung führte. In anderen Fällen hatte man infolge der Übervölkerung des Dorfes die Feldmark so weit ausdehnen müssen, daß von der Gemeinen Weide nichts mehr übriggeblieben war, wie das am Beispiel Werxhausen im Realerbteilungsgebiet des Eichsfeldes deutlich wird (vgl. Abb. 3).

3. Das Dorf

Das Dorf mit den Häusern, Hofplätzen und dorfnahen Feldgärten (Kohlhöfen) sowie mit den angrenzenden Wiesen und Weiden (Gras- und Wischhöfen) bildete den Wirtschaftskern einer Gemeinde (vgl. Abb. 1, 2, 3 und 9). Diese Flächen gehörten den Einzelbesitzern und wurden von ihnen privat genutzt. Ausnahmen bildeten Wege, Viehtriften und Dorfplätze (Thie, Brink), die Gemeindeeigentum waren.

Bis zur Mitte des 18. Jahrhunderts hatten sich die Dörfer in Abhängigkeit von der Größe und Güte des ackerfähigen Bodens, aber auch in Abhängigkeit von außerlandwirtschaftlichen Erwerbsmöglichkeiten verdichtet und erweitert. Auch wenn die Einstufung der Bauern in bestimmte Klassen erst im Laufe des 15. und 16. Jahrhunderts erfolgte, so spiegelt sie doch weitgehend die ältere Siedlungsgeschichte wider. So nahmen die günstigste Position im Dorf die *Althöfe* ein, die auch Urhöfe, Stammhöfe, Vollhöfe und Vollerben genannt werden. Sie reihten sich in der Regel in gebotenem Abstand auf trockenem Baugrund zwischen dem etwas höher gelegenen Ackerland und dem Grünland der Niederung auf. Von hier aus hatte man sowohl das Ackerland als auch den hofnahen Grashof (Wischhof) mit den Pferden, kalbenden Kühen, den Kälbern und dem Klein-

14

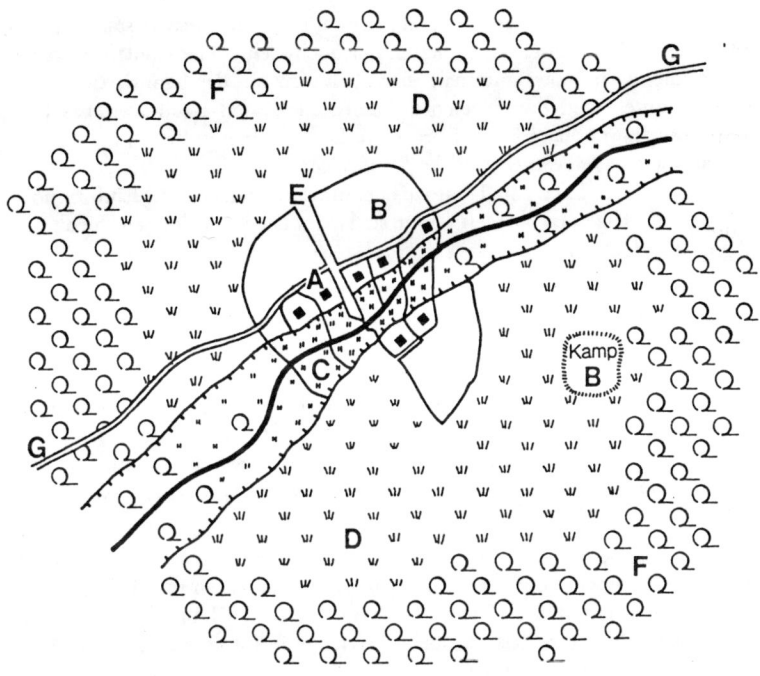

Abb. 1 Kleines frühmittelalterliches Geestdorf und seine Wirtschaftsflächen (Schema)

A = Haus und Hof		E = Trift
B = Ackerland (Feldmark)	⎤ Kulturland	F = Bann(wald)
C = Wiese und Weide (Wischhof)	⎦ (Flur)	G = talparalleler Verbindungsweg
D = Allmende (Gemeinheit, Hutung)		(„Straße")

Entwurf: Seedorf

vieh unter ständiger Kontrolle. Außerdem traf man zumeist einen frischen anlehmigen Untergrund an, auf dem die für den Hausbau und die Schweinehaltung benötigten Hofeichen sowie Obstbäume gediehen. Und man konnte hier in der Regel in geringer Tiefe mit dem Hausbrunnen ein ergiebiges und gutes Trinkwasser erreichen.

Diese bevorzugte Wohn- und Wirtschaftslage wurde auch von den durch frühe Hofteilungen entstandenen *Halbhöfnern* (Halbmeier usw.) oder bei nochmaliger Teilung von den *Viertelhöfnern* (Viertelmeiern usw.) eingenommen. Ihre Hofplätze waren kleiner als die der Vollhöfe, und sie hatten häufig schon keinen Anteil mehr an den hofnahen Grashöfen, sondern ihre Wischhöfe lagen zumeist etwas abseits.

Weil die Bevölkerungszunahme schon seit dem hohen Mittelalter stärker gewesen war als die Rodungstätigkeit, hatten nur noch kleinere Hofstellen entstehen können, die ihren Lebensunterhalt aber noch ganz aus der Landwirtschaft bestreiten konnten, weil inzwischen neue Feldbaumethoden (Dreifelderwirtschaft, Plaggendüngung) höhere Erträge brachten. Diese kleineren Betriebe waren die *Erbkötter* (auch *Pflugkötner* oder *Großkötner* genannt), die teilweise vom alten Hofplatz ein Stück Land zum Hausbau bekommen hatten oder die häufiger noch am Dorfrande angesetzt worden waren, so daß im Dorf eine doppelte Siedlungsreihe entstanden war.

Im ausgehenden Mittelalter, als schon ein Hofteilungsverbot ausgesprochen war und die Feldgemeinschaft sowie die Markgenossenschaft feste Formen angenommen hatten, waren von den vollberechtigten Mitgliedern der Dorfgemeinschaft, den Reihe- (Riege-)leuten, insbesondere im westniedersächsischen Gebiet auch Flächen in der Gemeinheit (Mark) für weichende Erben ausgewiesen worden, wo diese als sog. *Markkötter* (auch Kleinkötner, in Ostfriesland Warfsleute) ihr Haus bauten und das zugewiesene Land kultivierten. Hatten sie ihren Besitz im Laufe der Zeit ausdehnen können, dann sprach man auch wohl von einem *Kampbauern.*

Eine noch jüngere, jedoch in den Anfängen auch schon in das Mittelalter zurückreichende Schicht im Dorf waren die *Brinksitzer.* Sie hatten ihre Häuser etwas abseits des Dorfes auf dem Bauernbrink oder sonst am Dorf- bzw. Eschrand (Esch = in der Regel die älteste Ackerflur) errichtet. Brinksitzer, die Handwerker waren, hatten sich wegen der günstigen Geschäftslage bevorzugt in der Nähe der Kirche niedergelassen. Die Brinksitzer besaßen außer einem kleinen Grundstück am Hause oder auf gemeindeeigenem Gelände am Anfang kein Ackerland. Manche hatten sich jedoch durch ihr Handwerk oder durch andere Tätigkeiten bis zum 18. Jahrhundert Ackerstücke erwerben können und waren damit der Flächengröße nach besser ausgestattet als mancher Kötner.

Schließlich gab es im Dorf noch die *Häuslinge* oder *Heuerlinge.* Seit dem frühen 16. Jahrhundert, als keine neuen Hof- und Kötnerstellen mehr ausgewiesen werden konnten, war dem nicht erbberechtigten Sohn nur die Wahl geblieben, entweder unverheiratet auf dem elterlichen Hof zu bleiben, Soldat zu werden bzw. abzuwandern oder aber ein Nebengebäude (Backhaus, Scheune, Stallgebäude) auf dem elterlichen Hof zu beziehen und dort gegen Lohn und Deputat als Tagelöhner tätig zu sein, wobei es ihm gestattet wurde, sein Vieh zusammen mit dem des Bauern in die Gemeinheit einzutreiben.

Abseits des Dorfes gab es zumeist noch einige *Neubauern*, denen auf Betreiben des Staates Stellen in der Gemeinheit zugewiesen worden waren.

4. Die Feldmark

Am wichtigsten für die dörfliche Wirtschaft waren neben den Grashöfen die Äcker, die je nach Bodengüte mehr oder weniger ringförmig den Ort umgaben. Die besten Böden hatte der *Altacker* (Esch). Er war die Grundlage des bäuerlichen Siedlungsansatzes gewesen, um Brotgetreide (in der Regel Roggen) zu erzeugen. Am Altacker waren nur die Althöfe, nicht die Nachsiedlerschichten beteiligt.

Die Felder waren zumeist von Wällen, Hecken oder Zäunen umgeben, damit das stets hungrige Vieh nicht in die Äcker einbrach. Zur Unterhaltung der Wälle oder Zäune waren *Feldgemeinschaften* erforderlich, die auch die Saat- und Erntetermine bestimmten.

In allen Gebieten Niedersachsens waren mit den mittelalterlichen Hofteilungen die Parzellen auf den begehrten Altäckern immer wieder geteilt worden. Auf den Flurkarten des 17. und 18. Jahrhunderts sehen wir deshalb schmale lange Besitzstreifen von vielfach nur 2 bis 4 Ruten Breite (etwa 9 bis 18 m) und bis über 1 km Länge, wie das an den Beispielen Mölme in der Hildesheimer Lößbörde (Abb. 2) und Werxhausen im Eichsfeld (Abb. 3) sowie auf vielen Karten mit Eschfluren erkennbar ist.

Mit der Bevölkerungszunahme hatte man schon im Mittelalter nicht nur die Altäcker randlich erweitert, sondern durch Rodungen neue Äcker gewonnen, die man wegen der notwendigen Aufsicht und Erreichbarkeit möglichst in Dorfnähe angelegt hatte. In den Geestgebieten war das nicht leicht möglich, denn die für den Ackerbau geeigneten dorfnahen Flächen waren bald vergeben. So mußte man, oft gegen einen erheblichen Widerstand der Weideberechtigten, getreidefähige Böden in der Gemeinheit kultivieren und sie dort wegen des weidenden Viehs mit Wällen und Hecken umgeben. Solche *Ackerkämpe* findet man bei fast allen Dörfern. Sie gehörten anfangs zumeist dem rodenden Dorf, wurden später aber häufiger geteilt, weil es sich oftmals um Erbzinsland handelte.

Die Parzellen der einzelnen Besitzer lagen im *Gemenge* (Abb.2). Gleichlaufende Parzellen waren zu *Gewannen* zusammengeschlossen, die auch „Felder" oder in Braunschweig „Wannen" genannt wurden. Alle Parzellen eines Gewanns mußten gleichzeitig mit derselben Frucht bestellt werden, weil manche Parzellen nur über Nachbargrundstücke zu erreichen waren, für die dann das *Überfahrtrecht* galt. Außerdem mußten genaue Saat- und Erntetermine sowie Brach- und Stoppelweidezeiten eingehalten werden; denn die größer werdenden Dorfherden, die in der Gemeinheit nicht mehr satt wurden, benötigten unbedingt die *Brachweide* und nach der Ernte die *Stoppelweide*, um Fleisch- und Milcherträge liefern und durch den Winter kommen zu können. Das ließ sich ohne Flurzwang nicht bewältigen. Bei der Brach- und Stoppelweide wurde, wie bei fast allen Dingen im Dorf, eine strenge Reihenfolge eingehalten. Zunächst durften die Schweine, dann die Rinder und Pferde, anschließend die Gänse auf die Felder. Erst vom 11. Tag nach der Ernte waren Schafe zugelassen.

Wegen der notwendigen Stoppelweide konnten auch keine späträumenden Feld-
früchte wie Rüben und Kartoffeln mit in die Fruchtfolge aufgenommen werden.
Sie blieben auf die kleinen eingezäunten Kohlhöfe beschränkt und spielten als
Viehfutter noch keine Rolle.

Wie die Äcker, so wurden auch die *Wiesen* privat bewirtschaftet. Doch die Heu-
ernte war gering. Es bestanden alte Hutungsrechte, nach denen die Dorfherden
im Frühjahr und im Herbst die Wiesen abweiden durften, wobei in den feuchten
Gebieten immer große Trittschäden entstanden. Heu war so knapp, daß das mei-
ste Vieh mit Stroh durch den Winter kommen mußte, dann aber so geschwächt
war, daß Rinder zuweilen allein nicht mehr die Weiden erreichen konnten und
am Schwanz aus den Ställen und auf Schleppen auf die Weiden gezogen werden
mußten („Schwanzvieh").

Insgesamt waren die privat genutzten Felder und Wiesen im 18. Jahrhundert in
eine Unmenge Besitzparzellen zersplittert, die keine individuelle ertragsorien-
tierte Wirtschaft zuließen. Dafür waren die Parzellen zu klein, und der Flurzwang sowie die Hutungsrechte standen dem entgegen (Abb. 2).

5. Die Gemeinheit (Allmende)

Diente das Ackerland vorwiegend der Brotgetreideerzeugung und damit als
Nährfläche für den Menschen, so war die Gemeinheit die Hauptfutterfläche für
das Vieh. Die Gemeinheit, auch (gemeinsame) Mark, Gemeine Weide, Meente
oder Allmende genannt, schloß sich als Außenwirtschaftsring des Dorfes an das
Ackerland an. Sie war nicht, wie die Feldmark, an Einzelbesitzer aufgeteilt, sondern diente — wie der Name schon sagt — der Allgemeinheit, der Dorfschaft,
den Berechtigten oder Markgenossen.

Die Gemeinheiten bildeten ein wichtiges Glied in der damaligen bäuerlichen
Wirtschaft. Ja, manchem war, besonders in der sog. Heidebauernzeit, der Anteil
an der Gemeinheit wichtiger als der Acker. Einerseits dienten die Gemeinheiten
als Weideflächen für Schafe, Rinder, Pferde, Schweine, Gänse und Bienen. Andererseits wurden sie auch für den Holzeinschlag und Torfstich sowie für die Plaggengewinnung als Grundlage der Düngerwirtschaft genutzt.

Die einst, mit Ausnahme der Hochmoore, auf den Gemeinheiten stockenden
Wälder waren durch den Viehverbiß sowie durch den Nutz- und Brennholzein-
schlag vor allem in den Geestgebieten weitgehend beseitigt worden, so daß sie
kaum noch Bauholz liefern konnten. Aus diesem Grund hatten die Bauern schon
seit dem Dreißigjährigen Krieg auf ihren Hofplätzen Eichen gepflanzt, um jederzeit Bauholz und im Herbst Eicheln als Schweinefutter verfügbar zu haben. Besser war es um die königlichen und gutsherrlichen Forsten bestellt, aus denen die
Dorfherden herausgehalten werden konnten.

Das *Eigentum* an den Gemeinheiten lag, wenn auch nicht unumstritten, beim Landesherrn. Deshalb konnte Friedrich der Große im Urbarmachungsedikt von 1765 die ihm zugefallenen ostfriesischen Moor- und Heidegebiete zum Staatseigentum erklären und besiedeln lassen. Er setzte damit das alte Upstrekenrecht außer Kraft, nach dem die Moorrandsiedler ihre Parzellen (Hufen) kultivierend in das Moor hinein verlängern durften, wie das auch bei den Ackerparzellen der Geest üblich war.

Im benachbarten Oldenburg beanspruchte der Staat in den alten Grafschaften Oldenburg und Delmenhorst gleichfalls das Eigentumsrecht. Den Bauern stand eigentlich nur aufgrund eines alten Gewohnheitsrechts die Nutzung der Gemeinheit durch Viehtrift, Heidemähen und Plaggenstechen, Holzeinschlag und Torfnutzung zu. In den ehemals münsterschen Gebieten hingegen befanden sich die Gemeinheiten im Eigentum der Markgenossen. Der Landesherr besaß aber die Markengerichtsbarkeit und damit ganz erhebliche Rechte, die ihn später bei den Markenteilungen veranlassen sollten, ein Drittel der Marken (*tertia marcalis*) für sich zu beanspruchen.

Im Kurfürstentum bzw. Königreich Hannover wurden gleichfalls die Rechte des Landesherrn und des Adels zunehmend wahrgenommen, als mit der wachsenden Viehzahl die herrschaftlichen Wälder immer stärker gefährdet wurden und Hausplätze für Neubauern bzw. Anbauern in der Gemeinheit ausgewiesen werden sollten, die nicht nur einer Entlastung des zunehmenden Bevölkerungsdrucks dienten, sondern auch zusätzliche Steuern für die Staatskasse bringen sollten.

Der Anteil der Bauern an der Gemeinheit, und damit die Anzahl des zugelassenen Viehs und die Größe der zugeteilten Plaggengewinnungsflächen, war zwar geregelt, wobei die Berechtigung in der Gemeinheit ein unveräußerlicher Besitz des betreffenden Hofes war, aber mit der wachsenden Bevölkerungszahl ließen sich diese Regeln nicht mehr einhalten. Jeder versuchte, die Gemeinheit soviel wie möglich zu nutzen, doch keiner wollte sie pflegen. Sie befand sich in einem Zustand, den am besten ein Zeitgenosse, der Bremer Stadtarchivar *Johann Georg Kohl*, kurz nach den Gemeinheitsteilungen beschreibt:

„Die Meente [d.h. Gemeinheit, d. Verf.] *war ein Institut, das noch aus den barbarischen Nomadenzeiten zu stammen scheint... Die hohe Haide und der weit um das Dorf sich herumziehende Wildboden galt als gemeinschaftlicher Besitz der gesamten Bauernschaft, als ein Gemeingut ... und dieselbe für die armen Haidschnucken des Dorfs als Weide. Es war die einzige Benutzungsweise, die in der Haide möglich war. Jeder trieb auf diese Meente soviel Schafe, als ihm beliebte. In den Privatbesitz eines strebsamen Individuums konnte nichts davon kommen. Reformen konnten nicht gemacht werden. Es mußte alles unter dem gefräßigen Zahn der hungrigen Haid-*

schnucken bleiben . . . Es ist überflüssig nachzuweisen, daß diese Meente gleichsam wie ein Alp, wie ein Fluch auf allen Verhältnissen in den Haideländereien lastete . . . "[1].

Selbst in den fruchtbaren Gebieten Südniedersachsens, die keine Heide hatten, befanden sich Gemeinheiten in einem verheerenden Zustand. Der Braunschweiger *F. W. Forke* charakterisierte sie 1832: *„Es sind Weidereviere, die sehr viele Herren haben und eben deshalb herrenlos scheinen, und man erkennt sie auf den ersten Blick daran, daß sie mit Dornen, Disteln und Maulwurfshügeln bedeckt sind."*[2]

Literatur:

ENNEN, E./JANSSEN, W.: Deutsche Agrargeschichte vom Neolithikum bis zur Schwelle des Industriezeitalters. Wiesbaden 1979.

JÄGER, H.: Entwicklungsprobleme europäischer Kulturlandschaften. Darmstadt 1987.

JÄGER, H.: Die Allmendteilungen in Nordwestdeutschland in ihrer Bedeutung für die Genese der gegenwärtigen Landschaften. In: Geografiska Annaler 43, Stockholm 1961, S.138-150.

MITTELHÄUSSER, K.: Ländliche und städtische Siedlung. In: H. PATZE, Hrg.: Geschichte Niedersachsens. 1. Bd. Grundlagen und frühes Mittelalter. Hildesheim 1977. S.259-437.

SAALFELD, D.: Agrargeschichte. In: H.JÄGER,Hrg.: Methodisches Handbuch für Heimatforschung in Niedersachsen. Hildesheim 1965. S. 281-305.

SEEDORF, H. H.: Gemeinheitsteilungen, Verkoppelungen und Realgemeinden im Amt Rotenburg. Rotenburger Schriften 3,1969. S.7-29.

SCHWARZ, G.: Zusammenhänge der Verkoppelung in Niedersachsen. In: Deutscher Geographentag Essen 1953. Tagungsberichte und wissenschaftliche Abhandlungen, S.187-194.

1 Johann Georg Kohl: Nordwestdeutsche Skizzen. Fahrten zu Wasser und zu Lande in den unteren Gegenden der Weser, Elbe und Ems. 1. Theil. Bremen 1864. S. 25 f.
2 F. W. Forke: Über Gemeinweiden und Gemeinheitsteilung. In: Braunschweigisches Magazin 1832. S. 673 f.

Die farbige Karte von Mölme (Abb. 2) ist als Anlage im Anhang beigefügt.

Abb. 2 Flurkarte des Dorfes Mölme (Landkreis Hildesheim) von 1831
Zustand vor der Gemeinheitsteilung und Verkoppelung

Quelle: Wilhelm Evers: Grundfragen der Siedlungsgeographie und Kulturlandschaftsforschung im Hildesheimer Land. — Bremen-Horn 1957. = Schriften der Wirtschaftswiss. Ges. z. Stud. Niedersachsens e. V. Bd. 64.

Mölme ist ein typisches, allerdings recht kleines Dorf der Hildesheimer Lößbörde. Es umfaßte vor der Gemeinheitsteilung und Verkoppelung im Jahre 1831 105 Einwohner und 13 Hausstellen, darunter 2 Vollhöfe, 7 Halbhöfe und 4 Kleinstellen einschließlich Schule.

Die etwa 270 ha große Gemeindefläche bestand zu ⅘ aus Ackerland, das in 550 Besitzparzellen zersplittert war. Im Durchschnitt hatte jeder der Reiheleute (a—k) 60 Parzellen zu bewirtschaften, die als schmale, oft nur 2—4 Ruten (9—18 m) breite, aber als 400 bis 800 m lange Streifen im Gemenge mit den Parzellen der Nachbarn lagen. Die Reihenfolge der Höfe im Dorf wiederholte sich häufig auf den Feldern. Man spricht dann von einer Riegenschlagflur oder Flurkorrespondenz.

Die Flur war wohl ursprünglich in drei Gewanne geteilt, erkennbar an dem s-förmig geschwungenen Langstreifen mit geringer Breite (2 Ruten), auf denen im Rhythmus der Dreifelderwirtschaft Winterfrucht, Sommerfrucht und Brache wechselten und die Besitzer dem Flurzwang unterlagen. Durch Zurodungen war die Flur durch Kurzstreifengewanne erweitert und eine Vierfelderwirtschaft eingeführt worden.

Während in der Kernflur und in den älteren Zurodungen nur die Reiheleute, die beiden Vollhöfner und die durch Hofteilungen entstandenen Halbhöfnerstellen, vertreten waren, hatten bei den jüngeren Zurodungen auch die Kleinkötner, Brinksitzer und Häuslinge Anteile erhalten. Es handelte sich dabei um weniger fruchtbare oder vernäßte Böden, wie teilweise schon die Flurnamen erkennen lassen (Dover Kamp, Auf der Heide, Fauler Kamp, In der Welle).

Nur ein Fünftel der Gesamtfläche waren 1831 noch Gemeinheit (Angerweide und Wiesen). Darin unterschieden sich die Lößgebiete erheblich von den sich nördlich anschließenden Geestgebieten. Dort umfaßte die Gemeinheit durchweg ein Mehrfaches der Ackerfläche (vgl. Abb. 9). Die Gemeinheit war in Mölme wegen der feuchten, nicht beackerbaren Senke (Mölmer Anger) immerhin noch wesentlich größer als in den anderen Lößgemeinden.

Im Dorf Mölme gruppierten sich die Gehöfte um einen zentralen Platz, den Thie, mit Feuerlöschteich, der gleichzeitig Viehtränke war. Das Dorf hatte nur einen Zugang. W. Evers (1957) nannte solche Siedlungen Sackgassendörfer. Sie waren aus Schutzgründen eng bebaut und von Hecke und Wall umgeben, die später zu einem Ringweg umgestaltet wurden. Sackgassendörfer scheinen ähnlich, wie die Rundlinge des Wendlandes, planmäßig angelegte Siedlungen zu sein.

Mit der Gemeinheitsteilung und Verkoppelung wurden die Langstreifengewanne in große Blockparzellen umgewandelt, die sich bis zur Gegenwart bewährt haben, besonders auch deshalb, weil auf ihnen die heute üblichen Mähdrescher und Vollerntemaschinen eingesetzt werden können. Das ehemalige Grünland ist nach Entwässerungsarbeiten bis auf 5 % der Gesamtfläche zu Ackerland umgewandelt worden, auf dem Weizen, Gerste und Zuckerrüben die Hauptanbaufrüchte sind.

D) Herrschaftliche Abhängigkeit

1. Formen der Abhängigkeit

Die bäuerliche Abhängigkeit, ihre Formen und Folgen, treten uns in einer Fülle von Quellen des 16. bis 18. Jahrhunderts gegenüber. Viele Informationen darüber enthalten z. B. die sogenannten registerförmigen Quellen, die Amts- und Lagerbücher oder die Erbregister.[1] Anhand einer Eintragung im Erbregister des Amtes Neustadt von 1620 kann das verdeutlicht werden. Bei dem Dorf Frielingen heißt es zu dem „dienstpflichtigen Großköt(n)er": „Frantz Langreder ist 20 Jahr, hat bey seinem Hofe 12 Morgen, Illsmo. zustendig, zinset ans Haus Neustadt 4 fl. (Gulden) 15 g. (Groschen). Anstadt des Zehnten jerlichs ein Schwein. Hat eine Wiese vom Haus Ricklingen, zinset dahin 24 g. Dienet den Sommer 2 Tage die Woche, den Winter eine Wochen umb die andere 2 Tage und thut Burgfest und Erntedienst. Das Gewehr ist eine Hellebarte und Degen."[2]

Die Angaben der Eintragung lassen sich in folgende Gruppen aufteilen:

— Einordnung des Hofes in eine „Bauernklasse", hier als dienstpflichtiger Großkötner,

— Hinweise zur Person des Bauern (Name und Alter),

— Größe und Art des bewirtschafteten Landes (Ackerland in Morgen, Wiesen in Fuder Heu),

— Nennung der Personen, denen er für die Überlassung des Landes Abgaben zu entrichten hat: die Grundherren (in diesem Fall der Landesherr = Illustrissimo, der Gnädigste; das Haus Neustadt/Ricklingen = die jeweiligen Ämter als unterste Verwaltungseinheiten),

— Bezeichnung der Abgaben (Zins, Zehnt, Dienst, Burgfest[dienst], Erntedienst),

— Höhe der Abgaben und Umfang der Dienste,

— Bewaffnung im Kriegsfall.

Diese Angaben vermitteln uns eine Vorstellung von einigen der wesentlichen Merkmale der bäuerlichen Abhängigkeit in der frühen Neuzeit (ca. 1500 bis 1800). Zunächst fällt auf, daß das von dem Bauern bewirtschaftete Land nicht ihm selbst gehörte, sondern daß es ihm von anderen Personen zur Nutzung über-

---

1 Vgl. dazu K.H. Schneider: Die Arbeit mit Fachliteratur. (Bausteine zur Heimat- und Regionalgeschichte) Hannover 1987. S. 46–50.

2 H. Ehlich, Bearb.: Das Erbregister des Amtes Neustadt von 1620. (Quellen und Darstellungen zur Geschichte Niedersachsens Bd. 98) Hildesheim 1984. S. 73. Zu Frielingen: K. Barte-Tretow, u. a.: Frielingen. Ein Dorf erzählt. Braunschweig 1985.

lassen wurde. Diese Personen werden als *Grundherren* bezeichnet. Über die genaueren Formen der Landvergaben erfahren wir aus dem Register nichts, nur über die Folgen in Form von regelmäßig zu erbringenden Leistungen: der Bauer „zinset" dem Grundherrn. In diesem Fall besteht der Zins aus einer Geldabgabe.

a) Die Grundherrschaft

Eigentümer des Bodens war also der Grundherr. Grundherren konnten neben den jeweiligen Landesherren noch andere Adelige, Bürger, Städte und vor allem kirchliche Einrichtungen wie Pfarren, Stifte oder Klöster sein. In vielen Fällen hatten die Bauern den Großteil ihres Landes von einem einzigen Grundherrn, kleinere Landstücke konnten aber auch von weiteren Grundherren stammen. Im mittleren und südlichen Niedersachsen gab es vor den Agrarreformen kaum grundherrenfreie Bauern, die ihr Land ohne Einschränkung zu Eigentum besaßen und darüber frei verfügen konnten. Anders lagen die Verhältnisse in den reichen Marschengebieten Ostfrieslands und Nordoldenburgs sowie in den Ländern Wursten und Kehdingen, wo sich viele Bauern schon früh freigekauft hatten, sofern sie nicht ohnehin ihr Land zu freiem Eigentum besaßen. Sie konnten ohne Genehmigung eines Grundherrn ihr Land bzw. ihre Hofstelle veräußern, verpachten oder teilen. So konnte sich hier schon früh eine gewinnorientierte Landwirtschaft mit großen Höfen entwickeln.

Zins- und Erbzinsrechte

Ein geteiltes Besitzrecht zwischen dem Grundherren als Obereigentümer (*dominium directum*) und dem Bauern als Untereigentümer (*dominium utile*) war das Zins—oder Erbzinsrecht (Emphyteuse). Der Bauer war zu bestimmten Abgaben an den Grundherren verpflichtet (Erbzins), konnte jedoch ursprünglich frei über das Erbzinsland verfügen. Um 1600 wurden diese freien Verfügungsrechte eingeschränkt, die Bauern durften danach ihre Erbzinsgüter nicht mehr frei veräußern.[3] Im mittleren Niedersachsen waren allerdings meist nur kleinere Grundstücke zu Erbzinsrecht ausgetan.

Das Hägerrecht

Größere Bedeutung hatte das Hägerrecht. Es entstammte der Rodungsphase des Hochmittelalters und fand sich in den Rodungsdörfern (Namensendung auf

---

3 Herzog Heinrich Julii Constitution wegen verbotener Alienation der Lehn-, Erben- Zins- und Meier-Güter. 1598, April 3. In: H. A. Oppermann: Sammlung sämtlicher im Fürstentum Calenberg, Grubenhagen, Göttingen, Lüneburg und in den Grafschaften Hoya und Diepholz in Beziehung auf das Meierrecht erlassenen Gesetze, Verordnungen ... Nienburg 1861, S.1f.

-hagen oder -rode, aber auch andere Endungen möglich). Hägerland oder Erbland war meist nur gering mit Grundabgaben belastet, und es konnte frei vererbt werden. Zudem waren die Häger freie Leute, während die Masse der anderen Bauern noch hörig war und auch im Mittelalter kein Erbrecht an den bewirtschafteten Höfen hatte.

Das Meierrecht

Vorherrschendes und prägendes Besitzrecht in Niedersachsen war das Meierrecht. Ursprünglich hatte der Bauer, auch Hausmann, Vollmeier (Schaumburg, Diepholz, Calenberg), Colon (Osnabrück) oder Zeller (Münsterland) genannt, kein Erbrecht am bewirtschafteten Hof. Erst im Verlauf des 16. Jahrhunderts wurde aus dem zeitlich begrenzten Nutzungsrecht ein „erbliches dingliches Recht auf Nutzung fremden Gutes mit der Verbindlichkeit, das Gut den Grundsätzen bäuerlicher Wirtschaftsführung gemäß zu bewirtschaften, bestimmte jährliche Leistungen davon zu entrichten und nach Ablauf bestimmter Perioden einen neuen Meierbrief zu lösen".[4]

Während Ackerland, Wiesen und Hofstätte zu Meierrecht verliehen waren, gehörten die Hofgebäude in der Regel zum Eigentum (Allod) des Bauern.

Das Meierrecht brachte den Bauern zwei Vorteile. Es sicherte ihnen ein *Erbrecht an den Höfen* und schützte sie zudem vor weiteren Abgabenerhöhungen seitens der Grundherren. Bis dahin war es häufig so gewesen, daß mit der Neuvergabe eines Hofes auch die Abgaben erhöht worden waren. Dies war nunmehr ausgeschlossen. Gleichzeitig wurde das bäuerliche Gut schärfer denn je einer obrigkeitlichen Aufsicht unterworfen. Die Bauern mußten das übernommene Meierland in herkömmlicher Weise bewirtschaften, sie durften es weder teilen, verkaufen noch verpfänden. In allen wichtigen Fragen mußten sie die Genehmigung (Consens) des Grundherrn einholen. Erfüllte der Meier die ihm auferlegten Pflichten nicht, leistete er etwa für mehrere Jahre keinen Grundzins, konnte der Grundherr ihn abmeiern. Von diesem Recht wurde aber meist nur selten Gebrauch gemacht.

Alle diese Rechte und Pflichten, zu denen natürlich die noch vorzustellenden Abgaben und Dienste der Bauern gehörten, wurden bei der Hofübernahme im *Meierbrief* fixiert. Gleichzeitig mußte der Bauer den Weinkauf zahlen. Ein Meierbrief mußte bei jedem Antritt eines neuen Bauern gelöst werden, zuweilen aber auch in regelmäßigen Abständen von 6 oder 9 Jahren.

Eng verbunden mit dem Meierrecht war das *Anerbenrecht*. Es beendete die Realteilung, also die Aufteilung des Hofes unter mehrere erbberechtigte Kinder. Die Realteilung hatte schon vor 1550 zu einer verstärkten Zersplitterung des bäuerli-

---

4 W. Wittich: Die Grundherrschaft in Nordwestdeutschland. Leipzig 1896, S. 3.

chen Besitzes geführt. Diese sollte nun durch das Anerbenrecht verhindert und damit der Bestand eines leistungsfähigen Bauernstandes gesichert werden.

Die *Erbgewohnheiten* wiesen eine große Vielfalt auf, wie ein Blick auf die seit 1815 zum Königreich Hannover gehörenden Gebiete zeigt. Im Fürstentum Lüneburg hatte sich bei den Meiergütern das Erbrecht des ältesten Sohnes erst zu Beginn des 18. Jahrhunderts durchgesetzt, ähnlich wie in der Grafschaft Hoya. Im Fürstentum Calenberg konnte nach der Meierordnung von 1772 dagegen der Meier seinen Nachfolger selbst bestimmen. Ein solches Wahlrecht gab es auch im Fürstentum Hildesheim. In den Herzogtümern Bremen und Verden wiederum konnte der älteste oder der jüngste Sohn erben. In der Grafschaft Diepholz hatte sich das Erbrecht des jüngsten Sohnes durchgesetzt. Im Fürstentum Osnabrück hatte zwar die Eigentumsordnung von 1722 ein Erbrecht des jüngsten Sohnes bzw. der Tochter festgelegt, doch herrschte in manchen Kirchspielen immer noch das Ältestenrecht. In den Grafschaften Lingen und Bentheim erbte das jüngste bzw. älteste (Bentheim) Kind. Im Münsterland schließlich wählte der Gutsherr den Erben.[5] Bei aller Vielfalt war es grundsätzlich so, daß die Söhne Vorrang vor den Töchtern hatten. Gab es keine leiblichen Erben des Bauern, so fiel der Hof an den Grundherrn zurück (Heimfallsrecht). Dieser mußte den Hof dann wieder an einen anderen Bauern vergeben. Oft wurden hierfür Verwandte des bisherigen Bauern gewählt.

Zu den wenigen niedersächsischen Gebieten, in denen die *Realteilung* seit dem Mittelalter beibehalten wurde, gehört das Eichsfeld. Hier wurde beim Eintreten eines Erbfalls der Hof nicht von einem Anerben übernommen, der die weichenden Erben mit Geldzahlungen oder Sachleistungen abfand. Vielmehr wurde der Hof unter alle Erben aufgeteilt. Zwar gab es oft Ehelosigkeit, um so die Existenz des Hofes zu sichern und eine Teilung zu verhindern, aber schon im 18. Jahrhundert fand die Realteilung immer häufigere Anwendung. Die Folge war eine Flurzersplitterung, wie sie in keiner anderen niedersächsischen Landschaft jemals aufgetreten ist. Als Beispiel kann dabei die Flur von Werxhausen dienen, die schon im Jahre 1746 in 1560 Parzellen aufgeteilt war, die auf 115 Stelleninhaber entfielen. Drei Viertel aller Stelleninhaber besaßen weniger als einen Morgen Ackerland. Doch nicht genug damit, fast die Hälfte der Gemarkung stand nicht den Einwohnern zur Verfügung, sondern gehörte dem Duderstädter Stadtgut, dessen 150 Parzellen als größere zusammenhängende Flächen auf der Abb. 3 erscheinen.

b) Weitere Herrschaftsrechte (Eigenbehörigkeit, Zehntherrschaft,
   Gerichtsherrschaft, Landesherrschaft)

Im westlichen Niedersachsen (Osnabrück, Meppen, Hoya-Diepholz), in Schaumburg und im Bistum Hildesheim gab es bis zur Bauernbefreiung noch

---

5 W. Bischoff: Die Geschichte des Anerbenrechts in Hannover von der Ablösungsgesetzgebung bis zum Höfegesetz vom 2. Juni 1874. Diss. Göttingen 1966.

eine persönliche Abhängigkeit des Bauern und seiner Familie, die Leibherrschaft oder die *Eigenbehörigkeit*, im Bistum Hildesheim auch Halseigenschaft genannt. Die Eigenbehörigkeit war immer an einen Hof gebunden, doch konnten Grundherr und Leibherr unterschiedliche Personen sein. In jedem Fall mußte aber ein aufheiratender, freier Partner sich in die Eigenbehörigkeit begeben. Die Eigenbehörigkeit bedeutete für den Bauern und seine Familie zunächst eine Einschränkung der persönlichen Freiheit. Ohne Zustimmung (Consens) des Leibherrn konnte ein Eigenbehöriger weder heiraten noch vom Hof ziehen. Dagegen konnte er durchaus Eigentum (Allod) erwerben.

Schwerwiegender waren die finanziellen Belastungen, die mit der Eigenbehörigkeit verbunden waren. Für jeden Consens mußten Gebühren bezahlt werden. Einschneidend konnten sich Sterbfallsabgaben bei Tod eines oder einer Eigenbehörigen auswirken. Besthaupt, Bestkleid oder Bestpferd, die in den mittleren Teilen Niedersachsens gefordert wurden, erscheinen gering im Vergleich zu den hohen Abgaben in Osnabrück, die bis zur Hälfte des Privatvermögens des Toten betragen konnten.

Neben der Grundherrschaft war vor allem die *Zehntherrschaft* eine drückende und deshalb verhaßte Abhängigkeit. Ursprünglich war der Zehnt eine rein kirchliche Abgabe gewesen. Schon früh kam er auch in den Besitz des Landesherrn, der ihn seinerseits oft wiederverkaufte, verschenkte oder als Lehen an Adelige vergab. Die Zehntherrschaft lag im Gegensatz zu den meisten anderen herschaftlichen Rechten in der Regel geschlossen auf der gesamten zehntpflichtigen Flur eines Dorfes; daneben gab es auch immer noch kleinere zehntfreie Grundstücke.

Der Zehnt traf die Bauern doppelt. Zunächst war die Abgabe eines Zehntels (oder auch 1/9, 1/11) der Ernte schon belastend. Zusätzlich aber schränkten die Zehntherren die Bauern auch in ihrer Wirtschaftsführung ein. Zehntpflichtiges Land mußte in hergebrachter Weise bewirtschaftet werden. Veränderungen in der Fruchtfolge oder eine Besömmerung der Brache mit Klee, beides Forderungen der landwirtschaftlichen Reformer des 18. Jahrhunderts, stießen ebenso auf den Widerstand der Zehntherren wie der Anbau der Kartoffel.

Belastend wirkte sich weiter aus, daß die Bauern solange mit dem Einfahren ihrer Ernte warten mußten, bis der Zehntherr seinen Anteil erhalten hatte. Das konnte wertvolle Zeit kosten und ließ häufig das gute Erntewetter für das Einbringen des Getreides verstreichen, was besonders in den Marschen und Lößbörden mit ihren schweren Böden verhängnisvoll war.

Im Laufe des 18. Jahrhunderts gingen die Bauern deshalb verstärkt dazu über, den Zehnt für eine bestimmte Anzahl von Jahren gegen eine feste Geldsumme zu pachten, so daß die Behinderungen durch den Zehntzug fortfielen. Diese Umwandlung in Geldzahlungen sollte sich aber bitter rächen, als 1818 bis 1823 die Getreidepreise extrem fielen.

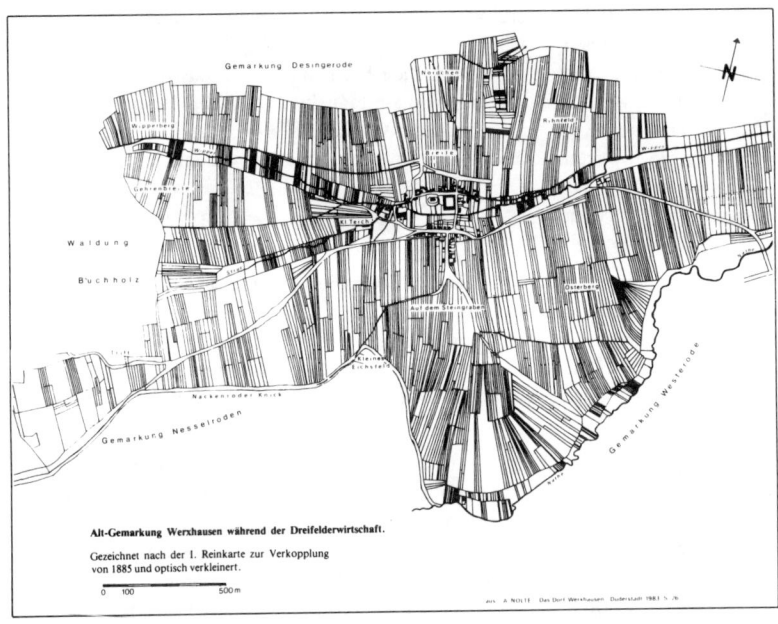

Abb. 3 Zersplitterte Flur der Gemeinde Werxhausen im Realerbteilungsgebiet
des Eichsfeldes bei Duderstadt 1885 (Text dazu S. 25)
Quelle: A. Nolte: Das Dorf Werxhausen. — Duderstadt 1983, S. 26.

Herrschaftsausübung im Mittelalter und in der frühen Neuzeit war häufig perso-
nenbezogen und erfolgte nicht allein wie heute über Institutionen, die für bestimmte festumrissene Gebiete zuständig waren. Dies galt für die schon vorge-
stellten Herrschaftsrechte ebenso wie für die *Gerichtsherrschaft*. Rechtsprechung
war ein Herrschaftsrecht. Es stand vor allem der Landesherrschaft zu, aber auch
Adelige, Klöster oder Stifter konnten Gerichtsherren sein und damit Recht sprechen. Oft waren die Gerichtsherren zugleich die Grundherren der betroffenen
Bauern. Bei einer Vereinigung von Grundherrschaft und Gerichtsherrschaft in
einer Person wurde diese als *Gutsherr* bezeichnet. Es liegt auf der Hand, daß diese
Kombination demjenigen, der sie innehatte, besondere Möglichkeiten gegenüber
seinen Bauern gab. Es ist allerdings ein Kennzeichen der niedersächsischen Agrarverfassung, daß solche Verhältnisse nicht überwogen. Normalerweise war der
Grundherr ein Adeliger oder eine kirchliche Einrichtung, während die Gerichtsherrschaft beim Landesherrn lag.

27

Gerichtsherrschaft bedeutete auch, daß dem Inhaber dieses Rechts besondere Einnahmen zustanden :
— bestimmte regelmäßig zu erbringende Leistungen (z.b. das Rauchhuhn von jeder Stelle, wo Rauch aufstieg, also ein Haushalt war; Gerichtshafer; Gogräfenhafer(Abgabe für den Gografen); Gerichtsdienste oder Herrendienste),
— Gebühren (Sporteln) für die Inanspruchnahme des Gerichtsherrn und natürlich
— Strafgelder (Brüche).

Die Gerichtsherrschaft verweist auf die herausragende Stellung, die der *Landesherr* (Herzog, Fürst, Bischof, Graf) unter den Herrschaftsträgern einnahm. In allen niedersächsischen Territorien war der Landesherr der größte Grund-, Leib-, Zehnt- und Gerichtsherr der Bauern. Die Leistungen (Abgaben und Dienste), die ihm die Bauern erbrachten, dienten zur Erfüllung öffentlicher Aufgaben. Von ihnen wurden die landesherrlichen Beamten bezahlt oder öffentliche Gebäude errichtet.

Schon früh zeigte sich aber, daß diese Einnahmen allein nicht ausreichten, um steigende Ausgaben des Landesherrn zu finanzieren. Deshalb wurden sie ergänzt durch weitere, von den Bewohnern eines Territoriums (Herzogtum, Grafschaft, Bistum) aufzubringende Leistungen. Hierzu wurden die Landbewohner meist stärker herangezogen als die Stadtbürger. Geldzahlungen (Bede, Schatz, Kopfsteuer, Kontribution) dienten vorrangig der Kriegführung, wurden aber auch zu anderen Zwecken verwandt. Hinzu kamen spezielle, ausschließlich von der Landbevölkerung zu leistende Dienste für den Wegebau, die Erbauung oder Reparatur landesherrlicher Gebäude (Burgfestdienste) oder für den Krieg (Landfolgedienste, Kriegerfuhren).

Das Besondere an der Landesherrschaft war, daß sie seit dem 16. Jahrhundert die überkommenen Formen der Herrschaftsausübung über die Bauern verbesserte und durch neue ergänzte. So wurde mit der im 14. Jahrhundert begonnenen und im 16. Jahrhundert abgeschlossenen *Einrichtung von Ämtern* eine flächendeckende untere Verwaltungsorganisation aufgebaut. Sie ermöglichte es, Informationen über jeden einzelnen Bauernhof zu erhalten und gleichzeitig bestimmte Gesetze und Verordnungen auch tatsächlich durchzusetzen. Bis dahin hatten sich die Bauern den Ansprüchen der Herrschaft verhältnismäßig leicht widersetzen können, da nur ungenaue Abgabenregister bestanden und die bäuerlichen Besitzverhältnisse kaum kontrolliert wurden. Aufgrund der im 16. Jahrhundert begonnenen Anfertigung von Registern (Erbregister, Lagerbücher) hatten die landesherrlichen Beamten nun einen ausreichend genauen Überblick und konnten so etwa Besitzveränderungen durch Verkäufe oder Verpfändungen leicht feststellen.

Aufgrund eines steigenden Geldbedarfs erwies sich der Landesherr als ernsthafter Konkurrent der privaten Grund-, Leib- und Zehntherren. Wollte er zur Deckung seiner Bedürfnisse von den Bauern höhere Leistungen, so mußten die

Ansprüche der anderen in ihrer Höhe begrenzt werden. Noch zu Beginn des 16. Jahrhunderts war etwa den Calenberger Grundherren zugesichert worden, daß sie nach eigenem Gutdünken ihre Bauern „setzen und entsetzen" konnten. Damit hatten sie das Recht, ihre Bauern nach Ablauf einer meist kurz bemessenen Pachtzeit ohne weiteres vom Hof zu vertreiben, den Hof anschließend gegen höhere Abgaben an einen anderen Bauern zu verpachten oder ihn selbst (das heißt durch dienstpflichtige Bauern) zu bewirtschaften.

Doch im Verlauf des 16. Jahrhunderts engten die welfischen Landesherren die Befugnisse der Grundherren immer weiter ein. Am Ende dieses Jahrhunderts war an die Stelle der Zeitpacht die *Erblichkeit bäuerlichen Besitzes* getreten und eine *Erhöhung grundherrlicher Abgaben ausgeschlossen.* Gleichzeitig wurden die bäuerlichen Dienstleistungen (Herrendienste) in ihrer Höhe begrenzt. Abgeschlossen wurde diese Entwicklung in den beiden Landtagsabschieden von Salzdahlum 1597 für das Herzogtum Baunschweig-Wolfenbüttel und Gandersheim 1601 für das Herzogtum Calenberg. Von den damaligen welfischen Landen blieb nur Göttingen von diesen Regelungen unberührt. Nutznießer waren nicht so sehr die Bauern. Denn wenn sie auch nicht mehr mit steigenden Abgaben an den Grundherren zu rechnen brauchten, hieß das nicht, daß ihre Belastungen gleich blieben. Ab jetzt war es der Staat, der immer höhere Steuerforderungen an die Bauern stellte. Eigentlicher Nutznießer war demnach der Landesherr; er hatte die Voraussetzungen geschaffen, um nunmehr allein darüber entscheiden zu können, welche neuen Abgaben und Leistungen auf die Bauern entfielen.

Das war er also, der berühmte Bauernschutz der welfischen Lande. Bleibt zum Schluß noch der Hinweis, daß sich ähnliche Bestimmungen auch in anderen deutschen Territorien finden.

Zusammenfassend lassen sich folgende herausragenden Elemente „der nordwestdeutschen Agrarverfassung" benennen:
— die Vielzahl der Herrschaftsrechte über die Bauern, die im folgenden auch als feudale Rechte bezeichnet werden,
— die Aufteilung dieser Rechte auf mehrere Personen bzw. Einrichtungen,
— die relative Sicherheit der Bauern vor willkürlichen Eingriffen der einzelnen Herrschaftsträger,
— der geringe Grad der Verfügungsgewalt, den die Bauern über „ihren" Boden hatten,
— die dominierende Stellung der Landesherrschaft.

2. Soziale und wirtschaftliche Folgen bäuerlicher Abhängigkeit

Bäuerliche Abhängigkeit drückte sich, wie vorstehend dargelegt, in einer *Vielzahl von Leistungen* an die unterschiedlichsten Empfänger aus. Diese für Gebiete mit Grundherrschaft, also auch für Niedersachsen, typische Aufsplitterung erschwert nicht nur uns Heutigen den Überblick, sondern bereitete auch schon den Zeitgenossen Mühe. Besonders adelige Herren mit wenigen abhängigen Bauern, die zudem über ein großes Gebiet verstreut wohnten, hatten lediglich beschränkte Kontrollmöglichkeiten. Eine teure Verwaltung mit der Führung von Registern kam oft nicht in Frage. Die Bauern hatten in diesen Fällen die Möglichkeit, sich bestimmten Abgaben wie dem Weinkauf zu entziehen.

Anders sah es dort aus, wo sich mehrere Rechte an einem Hof in einer Hand befanden oder der jeweilige Herr viele abhängige Bauern hatte und über eine gut arbeitende Verwaltung verfügte. Dazu gehörten neben den einzelnen Landesherren besonders die Klöster. Hatten sie zudem die Gerichtsherrschaft über die abhängigen Höfe inne, so konnten sie ihre Rechte an diesen meist ohne weiteres durchsetzen.

Abgaben und Dienste, verbunden mit einer Beschränkung der wirtschaftlichen Freiheit, führten zu manchmal enormen Belastungen. Jedoch ist es nicht leicht, deren genauen Umfang anzugeben. Es ist schlichtweg unmöglich, repräsentative Höfe zu berechnen. Die Unterschiede hinsichtlich Hofgröße, Landgüte und Abgaben waren zu groß. Außerdem schwankten die Ernteerträge von Jahr zu Jahr viel stärker als heute. Und schließlich gab es keine Buchführung, so daß viele Informationen über Einnahmen und Ausgaben der Höfe einfach fehlen. Wir sind also auf mehr oder weniger genaue Schätzungen angewiesen. Diese besagen z.B., daß der in Geld berechnete *Anteil der einzelnen Lasten an dem Rohertrag* der Höfe im 18. Jahrhundert im Fürstentum Calenberg zwischen 25 und 30 % schwankte, während er im damals noch zu Hannover gehörenden Herzogtum Lauenburg mit 10 % extrem niedrig lag.[6]

Von dem Rohertrag gingen aber nicht nur die feudalen und staatlichen Lasten ab, sondern auch das Saatkorn, die Naturalentnahmen und Betriebsausgaben wie Lohn oder Reparaturkosten. Rechnet man diese Posten alle zusammen, so gelangt man zu dem Ergebnis, daß die Einkommensunterschiede zwischen den großen und den kleinen Betrieben im Vergleich zu heute eher gering waren. Allgemein zeichnet sich dann kein Bild ab, in dem reiche Bauern vorherrschen, sondern es wird von mittleren Einkommen und von Armut geprägt. Viele Bauern waren schon im 18. Jahrhundert verschuldet. Die insgesamt deprimierende wirtschaftliche Situation der Landwirtschaft war schon den Zeitgenossen bekannt. Wissenschaftler und Publizisten, unterstützt von den Regierungen, suchten deshalb nach Auswegen aus der Misere. Dabei stießen nicht so sehr die Belastungen selbst auf Kritik, sondern deren unwirtschaftliche Form. So wurde z. B. bemängelt, daß die Herrendienste die ländliche Bevölkerung allgemein zu nächlässiger und langsamer Arbeit verführten.

6 Nach W. Achilles: Die Lage der hannoverschen Landbevölkerung im späten 18. Jahrhundert. (Veröffentlichungen der Historischen Kommission für Niedersachsen und Bremen XXXIV, Bd. 9) Hildesheim 1982.

Literatur:

Eine neuere Gesamtdarstellung der Agrarverfassung Niedersachsens fehlt. So muß immer noch auf die entsprechenden Kapitel in Wittichs Buch über die Grundherrschaft (vgl. Anm.4) verwiesen werden. Eine knappe Zusammenfassung vor allem calenbergischer Verhältnisse enthalten: HAUPTMEYER, C.-H.: Das abhängige Dorf — eine historische Retrospektive. DERS.: Das alte Dorf — Gemeinschaft und Zwang. Beide in: DERS. u. a.: Annäherungen an das Dorf. Hannover 1983. S. 36—58 und S. 148—163. Zur Belastung mit Diensten und Abgaben bietet neben dem Buch von ACHILLES (vgl. Anm. 6), das auch die ältere Literatur verzeichnet. Wertvolle Hinweise bringt die Darstellung von HENNING, F.-W.: Dienste und Abgaben der Bauern im 18. Jahrhundert. Stuttgart 1969.

E) Abhängigkeit im Dorf

1. Die Gemeinschaft der Ungleichen

Das Dorf erscheint heute im Rückblick zuweilen als eine feste Gemeinschaft gleichgestellter Menschen. Daß dem selbst in der frühen Neuzeit, zwischen 1500 und 1800, nicht so war, zeigt ein Blick in die Quellen, wie in das schon vorgestellte Erbregister des Amtes Neustadt von 1620.[1] Es verzeichnet zum Dorf Frielingen

— 2 „dienstpflichtige Ackerleute" mit 21 bis 27 Morgen Ackerland,

— 4 „dienstpflichtige Halbmeier" mit 12 bis 18 Morgen Ackerland,

— 16 „dienstpflichtige Kleinkötner", von denen einige gar kein, einer dagegen 16 Morgen neu gerodetes Ackerland (Rottland) hatten,

— 4 „Brinksitzer", von denen nur einer über etwas Rottland verfügte.

Dieses Bild kehrt mit Variationen bei sehr vielen Dörfern des Amtes Neustadt und ganz Niedersachsens wieder. Im Dorf Lindhorst in Schaumburg z.B. ist bereits 1544 eine ganze Abfolge von Hofgrößen zu erkennen, die vom Hof mit 70 Morgen Land bis zum Einmorgen-Betrieb reicht (Abb.4).

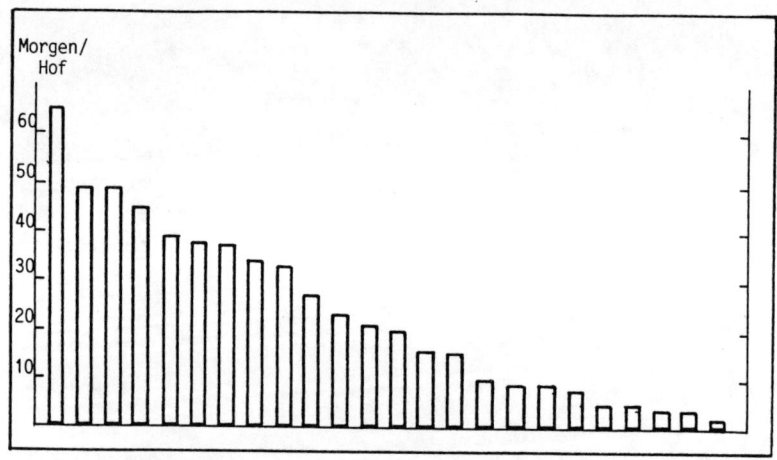

Abb. 4 Stellengrößen in Lindhorst/Schaumburg-Lippe 1544,
in Morgen Ackerland (1 Morgen = ¼ ha)
Aus: H.-W. Rothe: Lindhorst in Schaumburg-Lippe. Diss. Göttingen 1953.

1 Vgl. H. Ehlich, Bearb.: Das Erbregister des Amtes Neustadt von 1620. (Quellen und Darstellungen zur Geschichte Niedersachsens Bd. 98) Hildesheim 1984.

Im Herzogtum Braunschweig-Wolfenbüttel gab es im Jahre 1656[2]

— 830 große Höfe (Ackerhöfe)   = 11 %
— 1200 mittelgroße Höfe (Halbspänner)   = 17 %
— 5182 Kleinstellen (Kothöfe)   = 72 %.

Im Fürstentum Calenberg, das den Raum zwischen Nienburg, Hameln und Alfeld einnahm, lagen nach der Kopfsteuerbeschreibung von 1689 die Verhältnisse ähnlich:[3]

Fürstentum Calenberg 1689 Hofklasse	Stellen absolut	v. H.	durchschnittliche Hofgröße in Morgen
Vollmeier	1531	16	50
Halbmeier	1038	11	34
Kötner	4285	45	9
Brinksitzer	2225	24	4
Häuslinge	405	4	—
Summe	9484	100	12

Auch wenn die hier gewählte, an den zeitgenössischen Klassenbezeichnungen orientierte Einteilung sehr grob ist, so ist ein Ergebnis doch eindeutig: *Bereits im ausgehenden 17. Jahrhundert war der Anteil der Bauern im eigentlichen Sinn, also derjenigen, die allein von den Erträgen ihres Hofes leben konnten, verhältnismäßig klein.*

Die Voll- und Halbmeier, Kötner und meist auch Brinksitzer bildeten als „Reihestellen" die bäuerliche Gemeinde.[4] Nur wer zur Gemeinde gehörte, hatte ein *Recht auf die Nutzung der Gemeinheit*, konnte Gemeindeämter übernehmen und den Schutz genießen, den die Gemeinde ihren Mitgliedern bis zu einem gewissen Grad bot. Er war aber auch verpflichtet, sich an den Ausgaben der Gemeinde zu beteiligen und öffentliche Arbeiten zusammen mit den anderen Gemeindegenossen zu übernehmen.

2 W. Achilles: Die steuerliche Belastung der braunschweigischen Landwirtschaft und ihr Beitrag zu den Staatseinnahmen im 17. und 18. Jahrhundert. (Quellen und Forschungen zur Geschichte Niedersachsens Bd. 82) Hildesheim 1972, S. 26, Tab. 4.

3 G. Franz: Zur Struktur des niedersächsischen Landvolks im ausgehenden 17. Jahrhundert. In: I. Bog u.a., Hrg.: Wirtschaftliche und soziale Strukturen im saekularen Wandel. Festschrift Wilhelm Abel. (Schriftenreihe für ländliche Sozialfragen Heft 70) Bd. 1. Hannover 1974, S. 228—236.

4 Allgemein dazu H. Wunder: Die bäuerliche Gemeinde in Deutschland. Göttingen 1986.

Daneben standen zunächst nur wenige, dann, mit steigender Bevölkerungszahl, immer mehr *Nicht-Gemeindemitglieder*. Die Gruppe dieser Dorfbewohner war in sich sehr uneinheitlich. Zu ihr gehörten die An- und Abbauer des 18. und frühen 19. Jahrhunderts, die nur über ein kleines Haus verfügten, ebenso wie die Einlieger, Häuslinge oder die Heuerleute in Osnabrück, die alle bei anderen Hausbesitzern zur Miete wohnten, und natürlich das Gesinde.

Diese Dorfbewohner hatten keinen Anteil an den Rechten der Gemeindemitglieder. Da sie aber über zu wenig eigenes Land verfügten, um von dessen Erträgen existieren zu können, waren sie auf die genossenschaftlichen Einrichtungen des Dorfes angewiesen, vor allem auf die Gemeinheitsnutzungen bei Weide, Mast und Holz, um eine Kuh zu halten und Brennholz zu haben. Zunächst wurden sie, da ihre Zahl noch nicht sehr groß war, auch von der Gemeinde auf den Gemeinweiden oder in den Wäldern geduldet. Schließlich standen sie in verwandtschaftlichen Beziehungen zu den Reiheleuten. Es waren die nicht erbberechtigten Söhne und Töchter von Bauernstellen, die als Kleinstelleninhaber auf wenigen zu Erbzinsrecht vom Hof abgetretenen Stücken Land oder auf etwas Rottland versuchten, eine eigene Existenz zu schaffen, die durch Tagelöhnerarbeit und handwerkliche Tätigkeiten ergänzt werden mußte.

So bildete das Dorf der frühen Neuzeit eine komplizierte kleine Welt für sich, die dem Außenstehenden immer fremd blieb. Den in ihr lebenden Menschen bot sie Schutz und Geborgenheit, sie bedeutete aber auch ein Leben unter ständiger gegenseitiger Kontrolle. Freiräume, in denen der einzelne sich „verwirklichen" konnte, gab es nicht. Aufgrund der Abhängigkeiten zwischen Bauern und „kleinen Leuten" blieben Streit und Auseinandersetzungen innerhalb des Dorfes nicht aus.

Einig war das Dorf immer dann, wenn es sich nach außen darstellen mußte. Bei Auseinandersetzungen mit Nachbargemeinden um gemeinsam genutzte Forsten oder Torfstiche stand die Dorfgemeinschaft ebenso zusammen wie gegenüber der Obrigkeit, die immer stärker in das Dorf hineinregierte. Sie trug durch Ausweisung neuer Hofplätze aus den Gemeinweiden zum Anwachsen der Zahl kleiner Stellen bei und damit zur Verschärfung innerdörflicher Konflikte.

Die Einteilung der Bauernhöfe in *Bauernklassen*, in Vollmeier (Vollspänner), Halbhöfe (Halbmeier), Groß- und Kleinkötner, war ebenfalls ein Werk der Obrigkeit, genauer: des frühneuzeitlichen Staates. Zwar spiegeln diese Hofklassen auch die Siedlungsgeschichte unserer Dörfer wider: erstere gehören in der Regel zu den ältesten Höfen, letztere zu den jüngsten. Zu bedenken ist aber, daß als Grundlage für die Zuordnung der Bauernhöfe zu diesen einzelnen Klassen die Größenverhältnisse des 16. Jahrhunderts dienten. Die Einteilung ist also nicht mittelalterlich. Anlaß für diese feine Gliederung der Bauernhöfe war die verstärkte Einführung von Diensten in jener Zeit. Hierzu war es notwendig, die Höfe entsprechend ihrer Leistungsfähigkeit zu klassifizieren. Die Klasseneinteilung wurde späteren Besitzveränderungen selten angepaßt. So konnte es dann im 18. Jahrhundert passieren, daß ein Großkötner mehr Land als ein Halbmeier hatte, obwohl letzterer zu den aufwendigen Spanndiensten verpflichtet war.

Die dem Heimatforscher heute wohlvertrauten Hofklassen waren also in dieser Form keine „natürliche", aus alter Zeit herrührende Gliederung, sondern das Ergebnis landesherrlicher Eingriffe in die ländliche Gesellschaft.

2. Das übervölkerte Dorf

Das Zusammenspiel zwischen den einzelnen Gruppen im Dorf fand seine Ergänzung in der Nutzung des Ackerlandes und in den unterschiedlichen Berechtigungen an der Gemeinen Weide. Einklagbare Rechte auf die Nutzung dieser genossenschaftlichen Flächen hatten nur die Reiheleute, nicht die jüngeren Stellen und die Einlieger. Eine starke Vermehrung dieser Bevölkerungsgruppen mußte das innerdörfliche Gleichgewicht empfindlich stören. Genau das geschah im 18. Jahrhundert. Die z. T. hohen Bevölkerungsverluste des Dreißigjährigen Krieges waren bald ausgeglichen. Ab 1750 begannen sich die Verhältnisse in den Dörfern zu verschlechtern. Erkennbar wird dies schon bei einem Blick auf die Entwicklung der einzelnen Hofklassen.

Hofklassen im Herzogtum Braunschweig [5]

	1656	1750	um 1800
Ackerhöfe	830	1370	1400
Halbspännerhöfe	1200	1470	1457
Kothöfe	5182	7900	7399
Brinksitzer	—	2400	4168
Anbauer	—	500	—
Summe	7212	13640	14424

Im Herzogtum Braunschweig-Wolfenbüttel betrug also der Zuwachs bei den Ackerhöfen und Halbspännerhöfen zwischen 1650 und 1800 gerade 40 %, bei den übrigen Hofklassen dagegen 123 %.

Ähnliche Entwicklungen, wie sie hier für Braunschweig vorgestellt worden sind, lassen sich in den anderen niedersächsischen Territorien in z. T. noch größerem Maße beobachten. Vom Ende des Dreißigjährigen Krieges bis 1800 hatte sich die Bewohnerzahl auf dem flachen Lande etwa verdoppelt, in dem Realerbteilungs-

5 Vgl. Anm. 2. Außerdem F.-W. Henning: Die Betriebsgrößenstruktur der mitteleuropäischen Landwirtschaft im 18. Jahrhundert und ihr Einfluß auf die ländlichen Einkommensverhältnisse. In: Zeitschrift für Agrargeschichte und Agrarsoziologie. 17/1969, S.171—193.

gebiet des Eichsfeldes sogar verdreifacht. Überall hatte die Zahl der kleinen Stellen rapide zugenommen, während die bäuerlichen Betriebe aufgrund des Anerbenrechts in ihrer Zahl etwa gleichblieben.

Die *kleinen Stellen* wurden meist auf Gemeindeland angesetzt, wodurch sich dessen Umfang kontinuierlich verringerte. Gleichzeitig nutzten sie aber das verbleibende Gemeindeland durch Vieheintrieb, Plaggenhieb und Brennholzgewinnung. Durch diese doppelte Belastung waren Konflikte unausweichlich. Die Bauern versuchten dieser Entwicklung durch strenge Flurordnungen, Zuzugsverbote und den Ausschluß der neuen Siedlerstellen von der Gemeinheit zu begegnen. Aber man konnte die eigenen Kinder, die nachgeborenen Söhne der Bauern, nicht ganz von der Dorfgemeinschaft ausschließen, sie durch streng eingehaltene Heiratsverbote zur Ehelosigkeit verdammen und ihnen grundsätzlich verwehren, sich kleine eigene Stellen zu schaffen.[6]

Im Osnabrücker Nordland, in Südoldenburg und im Emsland mit den großen Gemeinheitsflächen hatten die Bauern bereits seit dem 16. Jahrhundert angefangen, am Dorfrande und in den Außenbezirken der Marken kleine Häuser für *Heuerleute* zu errichten, deren Bewohner dem Hof jederzeit als Tagelöhner zur Verfügung standen und die dafür neben der freien Miete etwas Pachtland erhielten. Damit schritt die Zersiedelung der Marken fort, die mit der Ansetzung von Markköttern seit dem 15. Jahrhundert begonnen hatte. Sie nahm allmählich ein bedrohliches Ausmaß an, weil zuviel Vieh in die Marken eingetrieben und damit die Weide- und Waldflächen verwüstet wurden.

Während des 18. und 19. Jahrhunderts nahmen die Heuerstellen so stark zu, daß alle großen Höfe vier bis sieben und selbst die Markkötter eigene Heuerleute besaßen. Auch in den anderen Geest- und Moorgebieten wuchs die Zahl der Häuslinge, der An- und Abbauern so stark an, daß überall die Armut einzog, weil nicht mehr genügend Nähr- und Futterfläche zur Verfügung standen und der Staat für seine Siedler in den Moor- und Heidekolonien immer mehr Gebiete beanspruchte, wie z.B. für Soldaten, die an Feldzügen teilgenommen hatten.

Viele der sogenannten kleinen Leute konnten aber nur noch teilweise in der alten dörflichen Ordnung überleben. Zwar wohnten sie hier, fütterten ihr weniges Vieh, ernteten etwas Getreide und Gemüse, arbeiteten bei den Bauern als Tagelöhner und übten ein kleines Handwerk aus. Aber das alles reichte doch nicht immer für einen bescheidenen Lebensunterhalt. Man war auf zusätzliche Verdienstmöglichkeiten angewiesen und versuchte der Unterbeschäftigung und gänzlichen Verarmung durch Garnspinnen und *Leinenweberei*, durch Hausierhandel und andere Tätigkeiten zu begegnen.

---

6 Eine Eheerlaubnis wurde nur erteilt, wenn es die Obrigkeit für wahrscheinlich hielt, daß das Paar sich einigermaßen redlich zu ernähren imstande sei. Vgl. H. Linde: Das Königreich Hannover an der Schwelle des Industriezeitalters. In: Neues Archiv für Niedersachsen H. 24, 1951, S. 434.

Andere Kleinbesitzer, Heuerlinge, deren Söhne, aber auch Knechte aus den west-niedersächsischen Gebieten gingen in den Sommermonaten in die wirtschaftlich reicheren Gebiete nach Holland, in die Nordseemarschen und nach Dänemark, um dort Gras zu mähen, Torf zu stechen oder sich auf Walfängerbooten anheuern zu lassen. Im Eichsfeld hatten sich die *Wanderarbeiter* auf das Maurerhandwerk spezialisiert. Mit dem sauer verdienten Geld wurden dann bei der Rückkehr nicht selten die obrigkeitlichen Steuern und vor allem die Schulden bei den Bauern bezahlt, die im Winter oder Frühjahr entstanden waren, weil kein Brot- und kein Saatkorn mehr vorhanden waren.[7]

Solche zusätzlichen Verdienstmöglichkeiten bildeten oft den Anlaß für frühe Familiengründungen. Nicht erbberechtigte Söhne kauften etwa von ihrer Abfindung einen Webstuhl und heirateten bald; denn Kinder waren willkommene Arbeitskräfte. Schon im Alter von 6—8 Jahren mußten sie mithelfen. Auf diese Weise verschärften die außerlandwirtschaftlichen Einkommensmöglichkeiten noch den Bevölkerungsdruck auf dem Lande.

Die meist armen Brinksitzer oder Einlieger sahen indes nicht ohne Verbitterung, wie abhängig sie von den großen Bauern waren. Wer Getreide und Vieh verkaufen konnte, stand sich gut, denn wegen der steigenden Nachfrage durch die wachsende Bevölkerung zogen die Preise erheblich an, wodurch die unterbäuerliche Bevölkerung noch mehr verarmte. Die Bauern wiederum warfen den kleinen Leuten vor, verschwenderisch mit dem Geld umzugehen und sich nicht an alte dörfliche Sitten zu halten, früh Kinder zu bekommen und einen unschicklichen Lebenswandel zu führen. Für den Einlieger und Brinksitzer, im Osnabrücker Nordland den Heuerling, aber waren, wie schon angedeutet, *Kinder wertvolle Arbeitskräfte*, ohne deren frühe Mitarbeit beim Spinnen, Weben, Viehhüten, Torfmachen u. a. ein Überleben schwierig war.

Wie empfindlich das innerdörfliche Gleichgewicht auf Störungen reagierte, offenbarten mit aller Deutlichkeit die Jahre 1771/72. In ganz Mitteleuropa hatte es zwei schlechte Ernten gegeben. Die kleinen Leute konnten die dadurch bedingten hohen Preise für Brotkorn nicht mehr bezahlen. Breite Teile der Bevölkerung wurden von einer großen *Hungersnot* erfaßt. Die Folge davon waren viele Tote; denn die durch Hunger entkräfteten Menschen waren besonders anfällig für Krankheiten. In Ostfriesland stiegen die Sterbefälle um ein Drittel an.[8] In dem von Überbevölkerung am stärksten betroffenen Eichsfeld vermochte die Einführung der Kartoffel einen großen Teil der Not zu lindern.

Die Hungersnot und ihre Folgen weisen aber auch darauf hin, daß noch bis zum Beginn des 19. Jahrhunderts hohe Sterbezahlen recht häufig waren. Neben dem durch Ernteausfälle bedingten Hunger kamen als Ursache Kriegsereignisse, extrem kalte Winter oder Epidemien (Ruhr, Blattern) hinzu (vgl. Abb. 5).

---

7 J. Tack: Die Hollandgänger in Hannover und Oldenburg. Leipzig 1902.
8 W. Abel: Massenarmut und Hungerkrisen im vorindustriellen Europa. Hamburg und Berlin 1974. S. 254.

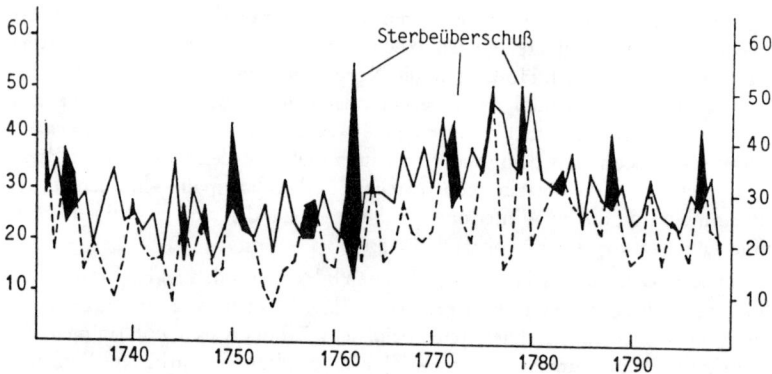

Abb. 5 Erhöhte Sterbefälle durch Hunger und Epidemien
im Kirchspiel Altenhagen-Hagenburg (Schaumburg-Lippe).
Quelle: Kirchenbücher Altenhagen. Bearb.: K. H. Schneider

Die Regierungen sahen den rapiden Anstieg der *Getreidepreise* im Verlauf der Krise von 1771/72 mit Besorgnis. Neben der Anlegung von Getreidemagazinen sollten Ausfuhrverbote und Höchstpreise verhindern, daß größere Teile der Bevölkerung hungern mußten, weil sie ihr Brotkorn nicht mehr kaufen konnten. Gleichzeitig aber, und das hatten die Regierungen nicht bedacht, waren bei den geringen Erntemengen die Bauern auf hohe Preise angewiesen, um den vielen Verpflichtungen gegen Staat und Grundherren nachkommen zu können. Die genannten Maßnahmen hatten deshalb zuweilen zur Folge, daß die Bauern dort einsparten, wo sie konnten, indem sie etwa weniger Tagelöhner beschäftigten oder Reparaturen nicht durchführten. Das aber traf wiederum die kleinen Leute.

Diese Zusammenhänge blieben auch den Zeitgenossen nicht verborgen. Nicht die Anlage von neuen Kornmagazinen, sondern verbesserte Ernten waren die beste Vorsorge gegen ähnliche Katastrophen. So war die Krise von 1771/72 ein wichtiger Anstoß für *Schritte zu vielfältigen Verbesserungen* in der Landwirtschaft. Sie bestanden darin, daß:

— Regierungen und Wissenschaftler Vorschläge zur Steigerung der Produktivität machten, insbesondere Anregungen für den Anbau neuer Pflanzen und die Einführung neuer Fruchtfolgen gaben,

— Kritik an der bisherigen Wirtschaftsweise überall dort geübt wurde, wo Zeit und Arbeitskraft verschwendet wurden: bei den bäuerlichen Zwangsdiensten ebenso wie bei der extremen Parzellierung vieler Feldmarken oder den schlecht genutzten Gemeinweiden,

— die Beschränkung bäuerlicher Freiheit durch Grund- und Leibherrschaft zunehmend als nicht mit den Erfordernissen der Zeit im Einklang empfunden wurde.

Literatur (außer den in den Anmerkungen genannten Titeln):

MITTELHÄUSSER, K.: Häuslinge im südlichen Niedersachsen. In: Blätter für deutsche Landesgeschichte Bd.116, 1980, S.235—278.

SERAPHIM, H.-J.: Das Heuerlingswesen in Nordwestdeutschland. (Veröffentlichungen des Provinzialinstituts für westfälische Landes-und Volkskunde, Reihe I, H. 5) Münster 1948.

SCHAER, F.-W.: Die ländlichen Unterschichten zwischen Weser und Ems vor der Industrialisierung. In: NdsJbLdsGesch. 50/1978, S. 45—69.

F) Reformbestrebungen im 18. Jahrhundert

1. Zeitgenössische Ansichten zur Landwirtschaft

Aus dem Rückblick erscheint das 18. Jahrhundert als *das* Jahrhundert der Landwirtschaft. Beschäftigung mit der Landwirtschaft war, wie wir heute sagen würden, „in", selbst die Mode machte vor ihr nicht halt, galten doch Kartoffelblüten als Hutschmuck. Und der pflügende Kaiser (Joseph II.) war auf vielen Kupferstichen zu bewundern. Wichtiger aber war, daß den Menschen immer bewußter wurde, welche elementare Bedeutung die Landwirtschaft hatte. Sie gab den Menschen nicht nur das tägliche Brot, sondern sie war immer noch der größte Wirtschaftsfaktor, und die vielen Dienste und Steuern der Bauern bildeten gleichsam das Fundament der damaligen Staaten. Beschäftigung mit der Landwirtschaft hieß vor allem kritische Auseinandersetzung mit den Bedingungen, unter denen sie betrieben wurde. Dabei wurden die bestehenden Zustände je nach dem Standort des Betrachters aus sehr unterschiedlichen Blickwinkeln beurteilt.

a) Die Stellung der Landesherren zur Landwirtschaft

Der als „Farmer George" bekannte hannoversch-englische König Georg III., der sich selbst als Landwirt betätigte, sagte über sein Kurfürstentum Hannover : *„Wir halten den Ackerbau und die Viehzucht vor die Hauptquellen des Wohlstands Unserer dortigen lieben Lande und Unterthanen . . ."* [1] Er stiftete ein Jahr nach der Beendigung des verlustreichen Siebenjährigen Krieges im Jahre 1764 die „Königlich Groß-Britannische und Kurfürstlich-Braunschweigische-Lüneburgische Landwirthschafts-Gesellschaft" zu Celle, deren Zweck es sein sollte, den „Wohlstand" des königlichen Stammlandes zu fördern.

Am 22. November 1768 wurde eine richtungsweisende Verordnung erlassen, *„wie in Landes-Oeconomie-Angelegenheiten zu verfahren"*. Darin heißt es in den Anfangssätzen:

„WIR Georg der Andere Fügen hiermit zu wissen, wasmaßen Wir seit hergestelltem Frieden es einen, Unserer Aufmerksamkeit besonders würdigen Gegenstand sein lassen, einestheils durch die Aufhebung der der Kultur des Landes gemeiniglich schädlich und nachtheilig fallenden Gemeinheiten, anderntheils durch Anordnung verschiedener zur Verbesserung des Landes abzweckenden gemeinnützigen Veranstaltungen, und endlich durch Ansetzung neuer Anbauer und des Endes geschehene Anweisungen, das Wohl Unserer deutschen Lande und getreuen Unterthanen zu befördern, solchergestalt die Landesprodukte zu vermehren, Unsere Lande durch Herbeiziehung mehrerer ansässiger Unterthanen zu bevölkern, und allen und jeden derselben Gele-

---

1 Festschrift zur Säcularfeier der Kgl. Landwirthschaftsgesellschaft zu Celle am 4. Juni 1864. Bd. 2. Hannover 1865. S. 111.

genheit zu verschaffen, vermittelst ihres Fleißes und ihrer Arbeit ihr gutes und austräg-liches Auskommen zu erwerben."[2]

Die hier wiedergegebene Einleitung enthält eine knappe Andeutung der *Rahmen-bedingungen und Anlässe landesherrlicher Agrarpolitik* sowie eine Beschreibung ei-niger ihrer Gegenstände und Ziele, nämlich Aufhebung der Gemeinheiten, Auf-klärung der Bevölkerung über moderne Landwirtschaft, Steigerung der Ernteer-träge, Ansetzung neuer Anbauer und Schaffung weiterer Stellen (Peuplierungs-politik) durch Kultivierung wüster und unbebauter Gegenden.

1763 hatte der *Siebenjährige Krieg* geendet. In Europa gab es in gewissem Sinne keine Sieger, sondern nur Besiegte. Zwar hatte das mit Hannover und England verbündete Preußen nicht zuletzt dank des Umschwenkens Rußlands von der französisch-österreichischen auf die preußische Seite seine Eroberungen aus den Kriegen zuvor retten können, doch die Verluste an Menschen und Geldmitteln waren auf allen Seiten enorm. Das 18. Jahrhundert war ein Jahrhundert der na-hezu dauernden Kriegführung mit gewaltigen Kosten, die nur durch steigende Staatseinnahmen gedeckt werden konnten. Ohne *vermehrte Steuereinnahmen* konnten keine stehenden Heere gehalten, konnte die aufwendige Hofhaltung nicht finanziert werden. Höhere Steuern waren nur möglich bei einer vergrößer-ten Bevölkerung. Eben dieses Ziel wird auch in der oben zitierten Verordnung genannt: die „*Herbeiziehung mehrerer ansässiger Unterthanen*" sollte dazu dienen, mehr Steuerzahler, die „*ein gutes und austrägliches Auskommen*" haben müßten, in das Land zu bringen. Hierzu sollten u. a. auch die Gemeinheitsteilungen und andere Reformen dienen.

Wenn sich die absolutistischen Staaten des 18. Jahrhunderts verstärkt der Land-wirtschaft zuwandten, so geschah das demnach durchaus im eigenen Interesse. Bestehen konnten den Wettbewerb der Staaten Europas nur diejenigen, deren Finanzen in Ordnung waren und deren Wirtschaft sich als leistungsfähig erwies. Die Rolle der Landwirtschaft war dabei klar umrissen. Sie sollte die Versorgung einer ständig wachsenden Bevölkerung sichern und gleichzeitig neue Arbeits-plätze schaffen.So wurden neue Untertanen auf den noch zahlreichen Heide- und Moorgebieten angesiedelt, wobei die Urbarmachung dieser „wüsten" Landstri-che oft unter großen Mühen und Opfern der Siedler erfolgte.

Die Erkenntnis, daß die immer höheren Staatsausgaben nur durch eine leistungs-fähige Landwirtschaft gedeckt werden konnten, hatte auch zur Folge, daß Schritte zur *Sicherung des Bestandes der bäuerlichen Betriebe* unternommen wur-den. Nordwestdeutschland hatte auf diesem Gebiet gegenüber anderen Staaten allerdings einen deutlichen Vorsprung. In Niedersachsen sicherte das Meierrecht seit dem 16. Jahrhundert die Zahl der Vollmeier und Halbmeier.

---

2 E. Spangenberg: Sammlung der Verordnungen und Ausschreiben . . . des Hannover-schen Staates. Bd. II. Hannover 1820. S. 239—243, hier S. 239.

Anders sah es in weiten Gebieten östlich der Elbe aus, also auch in den Staaten Friedrichs des Großen. Ein Blick dorthin schärft auch den Blick für die Verhältnisse in Niedersachsen. Bis in das 18. Jahrhundert war es in den Gebieten östlich der Elbe so, daß Bauernhöfe „gelegt" werden konnten und deren Land zu Gutsbetrieben geschlagen wurde. Friedrich der Große versuchte in mehreren Anläufen, diese Praxis wenigstens einzudämmen. Dabei sah er sich beständig dem Widerstand des Adels ausgesetzt. Weitere Schritte zur Verbesserung der Lage der Bauern, wie z.B. die Verringerung der teilweise extrem hohen Dienste, gelangen nicht oder nur unvollkommen.

Damit zeichnete sich eine *klare Grenze ab für Reformen im Absolutismus.* Sie verlief dort, wo durch Veränderungen der Besitzstand des Adels gefährdet schien. Der Adel war die herrschende Schicht, die in Militär und Verwaltung immer noch die entscheidenden Positionen besetzt hielt und zu keinerlei Eingriffen in ihre Verhältnisse bereit war. Wenn der Staat etwas unternehmen wollte, so war er auf freiwillige Mitarbeit des Adels angewiesen oder mußte sich auf seine Bauern, also die Domänenbauern beschränken. Aber auch bei den Domänen erwies sich als ein großes Hindernis, daß die Domäneneinnahmen für den Staatshaushalt unentbehrlich waren. Solange niemand sagen konnte, wie die finanziellen Folgen von Agrarreformen zu bewältigen waren, war man auch in diesem Bereich nur zu ersten tastenden Schritten bereit.

Es zeigte sich zudem, daß die absolutistischen Staaten in vielen Dingen weniger „absolut" waren als heutige Staaten. Eine genaue Statistik befand sich erst in den Anfängen. Das Wissen über die regierten Menschen, die Fläche des Staatsgebiets und seine topographische Gestalt war nur sehr begrenzt und fehlerhaft. So standen am Beginn von Reformen erst einmal Bestandsaufnahmen. Dem dienten die ersten *Volkszählungen* ab der Mitte des Jahrhunderts ebenso wie das gesamte Territorium erfassende *Karten* und weitere statistische Erhebungen. Wie sehr alle diese Maßnahmen mit den Reformbestrebungen in Zusammenhang standen, zeigen die Begründungen, die etwa für die Herstellung der ersten braunschweigischen Flurkarten (1746) genannt wurden. Die Karten sollten demnach dienen:

1. der Fixierung der Grundbesitzverhältnisse und Berichtigung der durch Abpflügen und Okkupation eingetretenen Ungerechtigkeiten und damit zur Erlangung einer größeren Rechtssicherheit;
2. der Vorbereitung einer Zusammenlegung der Grundstücke (Verkoppelung), verbunden mit einer gerechteren Steuerveranlagung;
3. der Vorbereitung einer Aufteilung der Gemeinheiten und Koppelweiden, sowie einer Urbarmachung der Moore und Heiden;
4. zur Ermöglichung einer rationellen, individuell gestalteten Wirtschaftsweise und dadurch deutlicher Ertragsteigerungen.[3]

3 G. Jordan: Die alten Teilungs- und Verkoppelungskarten im Raum Niedersachsen. In: Niedersächsisches Landesvermessungsamt, Hrg.: C. F. Gauß und die Landesvermessung in Niedersachsen. Hannover 1955. S. 149.

Ab 1772 drängte die Zeit, wie die Mißernte der beiden Jahre 1771 und 1772 gezeigt hatte. Eine riesige Ernährungskrise zeichnete sich ab, falls es nicht gelang, in verhältnismäßig kurzer Zeit die landwirtschaftliche Produktion deutlich zu steigern, da die Bevölkerungszahl viel schneller anwuchs als die Produktivität in der Landwirtschaft.

b) Bürgerliche Reformvorstellungen

„Die Landwirtschaft ist ein Gewerbe, welches zum Zweck hat, durch Produktion vegetabilischer und tierischer Substanzen Gewinn zu erzeugen oder Geld zu erwerben. Je höher dieser Gewinn nachhaltig ist, desto vollständiger wird dieser Zweck erfüllt. Die vollkommenste Landwirtschaft ist also die, welche den möglich höchsten, nachhaltigen Gewinn, nach Verhältnis des Vermögens, der Kräfte und Umstände aus ihrem Betriebe zieht."[4]

Es waren kühne Sätze, die *Albrecht Thaer* 1809 gleich zu Beginn seiner *„Grundsätze der rationellen Landwirtschaft"* niederschrieb. Denn er forderte nichts anderes als eine Landwirtschaft, die lediglich dem Zweck der Gewinnmaximierung diente, in der es weder ständische Schranken oder Vorrechte noch patriarchalische Beziehungen zwischen Bauern und Gutsherren geben sollte. Diese Grundsätze waren 1809 in vielen Teilen ein Entwurf, der weit in das 19. Jahrhundert hinein wirken sollte. Aber sein Autor blieb auch noch der alten Welt verhaftet, denn er ging davon aus, daß die Bauern unfrei und zu Diensten und Abgaben verpflichtet seien. Das Werk richtete sich weniger an abhängige Bauern, sondern fast ausschließlich an bürgerliche oder adelige Bewirtschafter von großen Gutsbetrieben.

Es war ein weiter Weg, bis solche Sätze niedergeschrieben werden konnten. Zwar gab es schon seit dem 16. Jahrhundert eine beachtliche Fülle von Schriften, die praktische Hinweise zur bäuerlichen Wirtschaftsführung enthielten („Hausväterliteratur"), jedoch waren sie nicht nach wissenschaftlichen Kriterien geschrieben. Erst mit der Einrichtung kameralistischer Lehrstühle an den Universitäten des 18. Jahrhunderts, wie z. B. 1755 in Göttingen, änderte sich das.

Der *Kameralismus* ist der Vorläufer der modernen Volkswirtschaftslehre. Sein Hauptanliegen war es, die Einnahmen des Landesherrn, der landesherrlichen Schatzkammer, zu steigern. Kameralisten waren Universitätslehrer, die angehende Beamte ausbildeten.

Der Anspruch, die Verhältnisse in der Landwirtschaft aus einem rationalen Blickwinkel zu untersuchen, führte zwangsläufig zu bestimmten Schwerpunkten. Das waren:

— die bisherige Nutzung von Weide und Wald,
— die bäuerliche Abhängigkeit und die sich daraus ergebenden hohen und zahlreichen Lasten und Dienste,

---

4   A. Thaer: Grundsätze der rationellen Landwirtschaft. Bd. I. Berlin 1809, S. 3.

— die vorhandenen technischen Möglichkeiten (z. B. schlechte Pflüge),
— unergiebige Fruchtfolgen und eine mangelhafte Besömmerung der Brache.

Am Beispiel der Dienste läßt sich die Argumentationsweise der Kritiker recht gut verdeutlichen. Zwar lehnten einige unter ihnen Dienste grundsätzlich ab. Vorrangig wurde aber rein wirtschaftlich argumentiert. Die Dienste wurden als eine Verschwendung von Zeit und Arbeitskraft gewertet, da während des Dienstes nur langsam und unergiebig gearbeitet wurde — ein Verhalten, das sich oft auf den bäuerlichen Eigenbetrieb übertrug. Dagegen wurde zwar die Leibeigenschaft als Überrest eines barbarischen Zeitalters kritisiert. Vorschläge, wie die vielfältigen herrschaftlichen Abhängigkeiten überwunden werden konnten, fehlten aber.

Dafür wandte man sich intensiv dem *Anbau neuer Früchte* (z. B. der Kartoffel), der Einführung verbesserter Fruchtfolgen und der Anwendung moderner Geräte zu. Hier schien das Vorbild der *englischen Landwirtschaft* besonders segensreich zu sein. Bildungsreisen nach England, um die dortigen Verhältnisse gründlich studieren zu können, erfreuten sich gegen Ende des Jahrhunderts zunehmender Beliebtheit. Allerdings meinte auch mancher, daß man die englischen Verhältnisse nicht ohne weiteres auf die deutschen übertragen könne. Hier sorgte wiederum Thaer mit seinen Schriften dafür, daß das englische Vorbild als grundsätzlich nachahmenswert empfunden wurde.[5]

Die neue intensive Beschäftigung mit der Landwirtschaft blieb nicht allein auf die Universitäten beschränkt, sondern erfaßte immer weitere Bevölkerungsgruppen. Wichtige Mittler zwischen Wissenschaft und Öffentlichkeit waren die seit der Mitte des Jahrhunderts überall gegründeten *Landwirtschaftsgesellschaften*, von denen die Celler (1764), deren berühmtestes Mitglied Albrecht Thaer war, besondere Bedeutung erlangte. Mitglieder der Gesellschaften waren aber nicht die abhängigen Bauern, sondern neben den Wissenschaftlern vorrangig Beamte, Adlige und Bürgerliche, unter diesen wiederum viele Lehrer und Pastoren.

Broschüren, Zeitschriften, Bücher und Kalender dienten ebenfalls der Verbreitung neuer Erkenntnisse. Kalender wandten sich dabei speziell an bäuerliche Leser. Lehrer und Pastoren versuchten, durch praktische Vorführungen und theoretische Erläuterungen die Bauern zur Übernahme neuer Landbaumethoden zu bewegen.

Zurück hielten sich dagegen die Reformer, wenn es um die herrschaftliche Abhängigkeit ging. Nur wenige Radikale brachten auch dieses Thema zu Sprache. Die übrigen befürchteten offenbar, daß eine Diskussion bäuerlicher Unfreiheit bald in eine grundsätzliche Kritik der damaligen politischen Zustände einmünden würde.

---

5 Ders.: Einleitung zur Kenntnis der englischen Landwirtschaft und ihrer neuen praktischen und theoretischen Fortschritte in Rücksicht auf Vervollkommnung deutscher Landwirte und Cameralisten. Hannover 1798—1800. 3 Bde.

Eine Zusammenfassung der wichtigsten Elemente der wissenschaftlichen Auseinandersetzung mit der Landwirtschaft ab 1750 zeigt:
— eine gegenüber dem 17. und frühen 18. Jahrhundert wesentlich intensivierte Erforschung der Landwirtschaft, die Kritik bestehender Zustände und die Propagierung von Reformen,
— den Versuch, durch Landwirtschaftsgesellschaften, Bücher, Zeitschriften und Kalender eine breitere, vorrangig jedoch nichtbäuerliche Öffentlichkeit zu erreichen und zu mobilisieren,
— ein dabei immer noch tastendes, auch von Mißerfolgen geprägtes Experimentieren mit der Landwirtschaft,
— eine enge Zusammenarbeit zwischen Wissenschaftlern und dem absolutistischen Staat.

c) Die Haltung der Bauern

Im 18. Jahrhundert lebten immer noch 80 % der Menschen auf dem Lande. Auf den vorhergehenden Seiten wurde dargelegt, wie wichtig die Landwirtschaft für die damaligen Staaten war und wie sich daraus die unterschiedlichen Reformvorstellungen entwickelten. Die Bauern wurden indes als Partner bei den verschiedenen Reformbemühungen nicht ernst genommen. Es galt allgemein die Ansicht, daß unter den Bedingungen herrschaftlicher Abhängigkeit von den Bauern *keine Eigeninitiative* erwartet werden könne. Daraus entstand das Bild vom widerspenstigen Bauern, der zu seinem Glück gezwungen werden müsse. Ist es berechtigt?

Bedacht werden sollte, daß auch sehr viele adelige Grundherren sich landwirtschaftlichen Reformen verweigerten und den Acker lieber in althergebrachter Weise bestellen ließen. Es waren also nicht nur die Bauern, die alten Traditionen verhaftet blieben. Doch lag es nicht nur an einer besonderen bäuerlichen „Mentalität", wenn Reformen nicht ohne weiteres übernommen wurden. Es gab auch ganz objektive Gründe dafür.

Eine wichtige Rolle spielte der *Bevölkerungsanstieg*. Er bedrohte zunehmend das innerdörfliche Gleichgewicht. Bauern und Landarme standen bei einzelnen Reformen mit ihren Interessen einander gegenüber. Gemeinheitsteilungen nutzten zwar den großen Bauernhöfen, aber den kleineren Höfen, erst recht den Brinksitzern und Häuslingen, nahmen sie mehr als sie ihnen gaben, weil sie befürchten mußten, ohne Landzuteilung zu bleiben und die bisher gegebenen oder geduldeten Weidemöglichkeiten in der Gemeinheit gänzlich zu verlieren. So waren denn auch die Einstellungen der einzelnen Gruppen des Dorfes dieser wichtigen Reform gegenüber sehr unterschiedlich.

Aber nicht nur das Anwachsen der ländlichen Unterschichten wirkte sich negativ aus, sondern auch Veränderungen in der Schicht der eigentlichen Bauern. In der zweiten Hälfte des 18. Jahrhunderts stiegen aufgrund des schnellen Bevölkerungswachstums die Agrarpreise stark an. Bauern, die größere Getreidemengen auf den städtischen Märkten verkaufen konnten, profitierten hiervon. Das waren aber vergleichsweise wenige. Die meisten mittleren und kleineren Bauernhöfe hatten dagegen kaum Vorteile von den hohen Preisen, da sie nur geringe Überschüsse erwirtschafteten. So gesellte sich in den Dörfern zu dem Gegensatz zwischen Bauern und nichtbäuerlicher Bevölkerung noch ein zweiter zwischen reichen und armen Bauern. Gemeinheitsteilungen und Verkoppelungen nutzten aber unter den gegebenen Umständen nur den reichen Bauern.

Gegen Reformen konnten aus bäuerlich-dörflicher Sicht demnach handfeste Gründe sprechen. Veränderungen sollten ja zunächst nur den rein wirtschaftlichen Bereich erfassen, während die drückenden herrschaftlichen Abhängigkeiten bestehen blieben. Solange diese nicht angetastet wurden, büßten auch Gemeinheitsteilungen oder der Anbau neuer Früchte viel von ihren Vorteilen ein. Was nützten etwa Mehrerträge, wenn der Zehntherr automatisch seinen Anteil davon erhielt? Und was sollten die Bauern mit den Forderungen der Reformer nach einem verstärkten Anbau neuer Früchte anfangen, wenn wiederum der Zehntherr sich dem hartnäckig oder einer Besömmerung der Brache mit Klee widersetzte?

Aber nicht immer waren es die Bauern, die sich Reformen widersetzten, sondern neben Zehntherren auch zuweilen die landesherrlichen Beamten. Es gibt etwa aus dem Gebiet des Kurfürstentums Hannover Beispiele dafür, daß von den Bauern Anträge auf Gemeinheitsteilungen gestellt wurden, die nicht immer positiv von der Obrigkeit beantwortet wurden, insbesondere dann nicht, wenn es um die Teilung von gemeinsam genutzten Wäldern ging.

Alles in allem bestätigt auch der Blick auf die dörfliche Bevölkerung den Eindruck, der sich aus der Betrachtung der staatlichen und bürgerlichen Reformvorstellungen ergibt: alle Seiten waren an Veränderungen interessiert, aber es gab noch kein einheitliches Konzept und es galt, eine Reihe von Widerständen zu überwinden.

Von den hier aufgeführten Gruppen wird die letzte, die dörfliche Bevölkerung, für den Heimatforscher von besonderem Interesse sein. Er sollte die Möglichkeit nutzen, anhand „seines" Dorfes die hier skizzierten allgemeinen Entwicklungen zu überprüfen und gegebenenfalls auch zu korrigieren. Die Ausdehnung staatlicher Aktivitäten in diesem Jahrhundert, besonders das jetzt reichlicher vorliegende statistische Material, bietet dafür gute Voraussetzungen. Dabei sollten auch mißlungene Reformansätze, wie gescheiterte Gemeinheitsteilungen, beachtet werden. Die daraus entstandenen Akten vermögen zuweilen ein besonders gutes Bild von den innerdörflichen Verhältnissen, von den Vorstellungen und Absichten der einzelnen Dorfbewohner zu geben.

2. Vorläufer der Gemeinheitsteilungen

Über die vielfältigen Nutzungen der Gemeinheiten gibt die Lüneburger Gemeinheitsteilungsordnung von 1802 in § 8 ausführlich Auskunft. Danach wurden Gemeinheiten genutzt durch

1. Hude- und Weideberechtigungen „mit allerlei Vieh" auf eigentlichen Gemeinheiten, Heiden und Angerplätzen, in Brüchen und Mooren;
2. Hude- und Mastberechtigungen in bestandenen und unbestandenen Forsten;
3. Mastberechtigungen;
4. einseitige und wechselseitige Behütung der Ländereien und Wiesen;
5. Berechtigung zum Plaggen- und Heidhieb;
6. Berechtigungen zum Bültenhieb „behuf der Feuerung";
7. bei Forstgemeinheiten:
   a) Berechtigung zum Mitgenusse der Holzung,
   b) unbestimmte Benutzung des Ober- und Unterholzes,
   c) „hergebrachtes Schnateln" der Bäume,
   d) Einsammeln des dürre gewordenen und abgefallenen Holzes,
8. Torfberechtigungen.[6]

(Bültenhieb: Abschlagen von strohigem, wildem Gras zur Feuerung; Schnateln(Schneiteln): Abhacken kleine Zweige zur Gewinnung von Futterlaub, Futterästen, Flecht- und Herdfeuerungsmaterial)

Gemeinheitsnutzungen bezogen sich demnach auf viele Bereiche des dörflichen Lebens. Sie betrafen die Viehhaltung ebenso wie die Sicherung der Feuerung oder das Schlagen von Bauholz. Mit der zunehmenden Bevölkerung wurden die Gemeinheiten gleich mehrfach in Mitleidenschaft gezogen. Die meisten der neuen kleinen Brinksitzer- und Anbauernstellen wurden auf bisherigen Gemeinweiden und Angerflächen angelegt, wodurch deren Umfang teilweise beträchtlich verkleinert wurde. Gleichzeitig erhöhte sich der Viehauftrieb durch die neuen Stellen. Dabei wurden die Gemeinweiden weder geschont noch in irgendeiner Weise in Ordnung gehalten. Kein Wunder, wenn der Osnabrücker Staatsmann Justus Möser sie als *„jene tartarischen Steppen, die nicht zum zehnten Theil genutzt werden"*, bezeichnete. Ähnliches galt auch für die gemeinschaftlichen Wälder und Moore, die durch ungeregelte Nutzung verwüstet und zerstochen waren.

Aus den geschilderten Gründen verstärkte sich ab 1750 die *Kritik an den Gemeinweiden*. Kameralisten, Landesherren und vereinzelt auch Bauern versuchten durch die Umwandlung der genossenschaftlichen Nutzung in eine individuelle die Ertragsfähigkeit des Bodens zu heben. Den *Landesherren* kam es darauf an, den allgemeinen Siedlungsausbau zu befördern und neue Anbauer, häufig ausgediente Soldaten, in den weitflächigen Gemeinheiten anzusetzen, um damit neue Steuerzahler zu gewinnen, wie das z.B. Friedrich der Große praktizierte, der in Ostfriesland durch das 1765 erlassene Urbarmachungsedikt die Gemeinheiten zum Staatseigentum erklärte und in den wenig genutzten Mooren zahlreiche Siedler ansetzte.

Bauern und Adelige sahen ihre Rechte an den Gemeinheiten durch weitere Landausweisungen bedroht, weshalb sie für deren individuelle Aufteilung waren. Auf

---

6 Spangenberg, wie Anm. 2, Bd. IV. Hannover 1821, S. 270—352. Hier § 8, S. 276.

Widerstand stießen die Teilungen dagegen in der unterbäuerlichen Schicht, zuweilen auch bei Beamten, die sich Änderungen der altüberlieferten Wirtschaftsweise widersetzten.

Einen grundlegenden *Anstoß für Gemeinheitsteilungen* sollte im Kurfürstentum Hannover die schon vorgestellte Verordnung vom 22. November 1768, „*wie in Landes-Oekonomie-Angelegenheiten zu verfahren*" geben.[7] Hauptaufgabe dieser Verordnung war es, die landesherrlichen Beamten zu ermuntern, in ihrem Amtsbezirk jede sich bietende Gelegenheit für Teilungen zu nutzen. Dem gleichen Zweck dienten in der Folgezeit weitere Kammerausschreiben. Ab 1776 hatten auf Anforderung der Rentkammer „*die sämtlichen Beamten alljährlich auf Maitag und ohnvergeßlich einzuberichten, ob und inwiefern sie in ihrem Amte Gelegenheit gehabt, Gemeinheitsteilungen wirklich zustande zu bringen, oder aber im Gefolge des obigen vorzubereiten*".[8]

Zur gleichen Zeit wurden auch in anderen niedersächsischen Territorien entsprechende Anstrengungen unternommen. In Braunschweig wurden während und nach der Generallandesvermessung von 1746 bis 1784 Gemeinheiten aufgehoben und erste Verkoppelungen durchgeführt.[9] In Osnabrück war unter Führung von Justus Möser 1785 die Verordnung „wie bei Markenteilungen zu verfahren" erschienen.[10] Diese Verordnung förderte einseitig die Interessen der Markenberechtigten, führte so zu einer schweren Krise bei den nicht markenberechtigten Heuerlingen und kam deshalb nur langsam voran.

Der schleppende Verlauf der Gemeinheitsteilungen lag nicht nur an mangelnder Unterstützung, sondern hatte objektive Gründe. Eine Teilung war keineswegs einfach durchzuführen. Die Gemeinheiten wurden in der Regel von mehreren Gemeinden, dem landesherrlichen Amt und gegebenenfalls einem adligen Gut genutzt. Bei einer Teilung mußten zunächst die Anteile dieser Berechtigten bestimmt werden (Generalteilung). Das gelang meist noch problemlos.

Schwieriger war der zweite Abschnitt, die Spezialteilung, durch die die Anteile der einzelnen Gemeindemitglieder bestimmt wurden. Die genaue Größe der zu teilenden Flächen mußte erst durch Vermessungen ermittelt werden. Anschließend war zu klären, nach welchem Maßstab die Gemeinheit zu teilen war. Meh-

---

7   Vgl. Anm. 2.
8   Zit. nach R. Golkowsky: Die Gemeinheitsteilungen im nordwestdeutschen Raum vor dem Erlaß der ersten Gemeinheitsteilungsordnungen, dargestellt an den kurhannoverschen Landschaften Hoya — Diepholz, K(!)alenberg und Lüneburg. Hildesheim 1966. S. 92 f.
9   H. Kraatz: Die Generallandesvermessung des Landes Braunschweig von 1746—1784. Göttingen 1975. S. 2 f.
10 R. Middendorf: Der Verfall und die Aufteilung der gemeinen Marken im Fürstbistum Osnabrück bis zur napoleonischen Zeit. In: Mitteilungen des Vereins für Geschichte und Landeskunde von Osnabrück. Bd. 49, 1927, S. 1—157. Hier S. 95 ff.

rere Möglichkeiten gab es dazu: entsprechend der Klasseneinteilung, den Kontributionszahlungen oder dem Viehauftrieb. Gesetzliche Vorschriften hierzu gab es noch nicht, so wurden jeweils unterschiedliche Wege beschritten. Ein entscheidender Hinderungsgrund lag schließlich an der Tatsache, daß alle Gemeindemitglieder für die Teilung stimmen mußten. Mehrheitsentscheidungen galten nicht.

Als Beispiel für eine frühe kombinierte General- und Spezialteilung ist die Teilung des Großen Holzes im Amt Blumenau erwähnenswert.[11] Das Waldstück wurde von der Landesherrschaft und den beiden im Amt Calenberg gelegenen Dörfern Northen und Ditterke benutzt. Die Gemeinden beantragten die Teilung 1770, nachdem sie sich jahrelang von der Landesherrschaft benachteiligt gefühlt hatten. Eine Teilung der Nutzungsrechte schien ihnen nun der geeignete Weg, solche Klagen für immer gegenstandslos zu machen. Tatsächlich konnte zehn Jahre nach der Antragstellung das Große Holz zwischen den Gemeinden und der Landesherrschaft geteilt werden.

Das war ein Erfolg für die beiden Gemeinden, denn lange Zeit hatte es so ausgesehen, als käme die Teilung nicht zustande. 1770 war von den Bauern eine gemeinsame General- und Spezialteilung verlangt worden — ein Ansinnen, dem die Forstverwaltung eher skeptisch gegenüberstand. Sie traute den Bauern keinen verantwortlichen Umgang mit dem Holz zu und befürchtete einen Raubbau am Wald, wenn keine Kontrolle durch die Obrigkeit mehr vorlag. Als dann von den Vertretern der Bauern auf die Spezialteilung verzichtet wurde, schien die Teilung endlich möglich. Doch bald verlangten die Bauern wieder eine Spezialteilung. Amt und Forstbehörde weigerten sich, dem zuzustimmen. Die Bauern gaben trotz dieser Widerstände nicht auf, sie bestanden auf der Einsetzung einer speziellen Teilungskommission. Tatsächlich erreichten sie schließlich ihr Ziel, nachdem die Landesregierung eingeschaltet worden war und der Calenberger Amtmann die Verhandlungen übernommen hatte. Die Bauern konnten danach ihre Waldanteile allein und ohne obrigkeitliche Aufsicht untereinander teilen und bewirtschaften.

Wie groß die sachlichen Probleme schon bei den Generalteilungen sein konnten, geht aus dem gleichen Fall hervor. Der Wald, um den es ging, lag im Amt Blumenau, die beiden Dörfer dagegen im Amt Calenberg. Nach der Teilung ging die Holzgrafschaft (Gerichtsherrschaft über den Wald) an das Amt Calenberg über. Die beiden Gemeinden übernahmen die Holzaufsicht für ihr Gebiet selbst und stellten dafür einen Holzknecht ein.

Vollständig war die Teilung indes nicht. Auch nach der Teilung verblieben den Gemeinden immer noch Hude- und Weiderechte am landesherrlichen Wald. Die Landesherrschaft hatte dagegen auf entsprechende Rechte im Wald der beiden

---

11 Eine knappe Darstellung des technischen Ablaufs bei Golkowsky, wie Anm. 8, S. 37 f. Ergänzend wurden benutzt Akten des Niedersächsischen Hauptstaatsarchivs Hannover Hann. 88 A Nr. 350 I, II, 351.

Dörfer verzichten müssen. Damit hatten sich die Gemeinden in den meisten Punkten durchsetzen können. Für die Rentkammer war dies Grund genug, weitere Waldteilungen im Amt Blumenau vorerst zu verweigern. Die Behörden sollten mit ihrer Weigerung recht behalten; denn schon nach wenigen Jahren waren im Lößbördegebiet die privat zugeteilten Waldstücke gerodet und in Ackerland umgewandelt worden. Um 1850 existierte kein Großes Holz mehr.

Dies Beispiel zeigt, daß noch mit vielen Problemen bei den frühen Gemeinheitsteilungen zu kämpfen war und daß nicht nur die Bauern für Schwierigkeiten sorgten. Für den Heimatforscher können solche frühen Teilungsversuche, gleich ob erfolgreiche oder erfolglose, sehr reizvoll sein. Einstellungen, Motive und Ängste der einzelnen Dorfbewohnern treten bei ihnen meist deutlicher hervor als bei den späteren Teilungen. Zudem waren sie noch nicht in allen Einzelheiten durch gesetzliche Vorschriften geregelt, so daß es von Dorf zu Dorf eine Reihe von Unterschieden geben konnte. Insgesamt hatte die dörfliche Bevölkerung noch ein größeres Gewicht als später.

3. Frühe Verkoppelungen

Was man heute Flurbereinigung nennt, waren im 18. und 19. Jahrhundert die Verkoppelungen. Dabei wurden durch Umlegungen die zersplitterten Felder und Grünlandparzellen zu großen einheitlichen Besitzblöcken oder -streifen zusammengeschlossen, um durch individuelle Gestaltung der Fruchtfolgen, durch kürzere Wege und durch einfachere Bearbeitungs- und Düngemethoden rationeller wirtschaften und höhere Erträge erzielen zu können.

Vorläufer der Verkoppelungen hat es, wie bei den Gemeinheitsteilungen, bereits im Mittelalter und in der frühen Neuzeit gegeben, insbesondere in den Marschengegenden, wo bei der Aufnahme des intensiven Getreide- und später Rapsanbaus infolge des unentbehrlichen dichten Grabennetzes große Betriebe und klare Besitzverhältnisse erforderlich waren.

Solche frühen Verkoppelungen sind urkundlich jedoch selten faßbar. Eine frühe Umlegung der Flur läßt sich in den Jahren 1531/32 in den Dörfern Wittlohe und Stemmen im Bistum Verden nachweisen. Sie war damals so gut gelungen, daß man 300 Jahre später, als fast überall Verkoppelungen durchgeführt wurden, hier nur geringfügige Änderungen und Verbesserungen vorzunehmen brauchte. [12]

Weitere Verkoppelungen sind vereinzelt auch im 17. und frühen 18. Jahrhundert nachzuweisen; doch fallen sie zahlenmäßig nicht ins Gewicht. Viele Ansätze scheiterten, weil sich die Beteiligten nicht einig werden konnten, vor allem aber

12 H. H. Seedorf: Die Veränderung des Siedlungs- und Flurbildes durch die Gemeinheitsteilungen und Verkoppelungen. In: Der Landkreis Verden. Amtliche Kreisbeschreibung. Bremen — Horn 1962. S. 155—157. S. 202 f.

auch, weil die Reformbestrebungen zu akademisch und obrigkeitlich waren und die Bauern nicht überzeugen konnten. Es fehlte an Vorbildern und sichtbaren Erfolgen in nächster Nachbarschaft. Die Zeit war für Gemeinheitsteilungen und Verkoppelungen noch nicht reif.

Erste wichtige Anstöße für unser Gebiet kamen von *England* und Dänemark. In England waren schon zu Beginn des 18. Jahrhunderts 50% bis 75% der landwirtschaftlichen Nutzfläche verkoppelt und eingehegt.[13] Dort hatte man die vorher übliche kollektive Bodennutzung aufgelöst und die Äcker sowie das Grünland zu großen Besitzblöcken zusammengelegt, die als Grenzmarkierungen mit Hecken umsäumt wurden (*enclosures*).

In *Schleswig-Holstein*, das damals zu Dänemark gehörte, hatte mit dem Übergang zum verstärkten Getreideanbau seit 1712 zunächst eine freiwillige, dann aber ab 1768 eine staatliche verfügte Zusammenlegung eingesetzt. Die alten offenen und zersplitterten Felder der Gutsbesitzer und Bauern wurden bei gleichzeitiger Aufhebung der Gemeinheiten in wenige große, durch Wall und Hecke umgrenzte Koppeln umgewandelt, womit häufig eine Aussiedlung aus dem Dorf verbunden war. Dadurch entstand die bekannte und z. T. bis heute erhalten gebliebene *Knicklandschaft*, in der wesentlich höhere Erträge als bis dahin erzielt werden konnten. [14]

Die Entwicklung in Schleswig-Holstein mit ihren sichtbaren Erfolgen und ähnlichen Wirtschaftsverhältnissen beeinflußte entscheidend den Fortgang der Gemeinheitsteilungen und Verkoppelungen im benachbarten *Herzogtum Lauenburg*, das bis zum Wiener Kongreß 1815 zum Kurfürstentum Hannover gehörte.[15] Hier wie im übrigen Schleswig-Holstein hatten übrigens die Bauern einen entscheidenden Anteil an den freiwilligen Verkoppelungen.

Das lauenburgische Beispiel wirkte über die Elbe hinüber nach Lüneburg. Doch auch englische Anregungen spielten eine Rolle, als nach langer Vorarbeit endlich im Jahre 1802 eine *Gemeinheitsteilungsordnung für das Fürstentum Lüneburg* erlassen wurde. Sie enthielt Rechtsmittel, um auch ohne Zustimmung aller Betroffenen Teilungen und Verkoppelungen durchführen zu können. Allein der Wille der Mehrheit war maßgebend.

Diese Gemeinheitsteilungsordnung war wesentlich von den Mitgliedern der Königlichen Landwirtschaftsgesellschaft mitgestaltet worden, insbesondere von dem Oberlandesökonomie-Commissär Johann Friedrich Meyer, der 1784 in

---

13 O. Ulbricht: Englische Landwirtschaft in Kurhannover in der zweiten Hälfte des 18. Jahrhunderts. Diss. phil. Kiel 1978. S. 65.

14 I. Ast-Reimers: Landgemeinde und Territorialstaat. Neumünster 1965.
W. Prange: Die Anfänge der großen Agrarreform in Schleswig-Holstein bis um 1771. Neumünster 1971.

15 G. Meyer: Die Verkoppelung im Herzogtum Lauenburg unter hannoverscher Herrschaft. Hildesheim 1965.

Göttingen sein richtungsweisendes Buch „*Von der Gemeinheits-Aufhebung und Verkoppelung in den Churbraunschweigisch-Lüneburgischen Ländern*" herausgegeben hatte.

Die Lüneburger Gemeinheitsteilungsordnung war Vorbild für fast alle Teilungsordnungen der anderen niedersächsischen Gebiete. Doch infolge der napoleonischen Kriege konnte sie zunächst nicht wirksam werden.[16] Sie wies außerdem noch verschiedene zeitbedingte Mängel auf; denn sie verursachte für den einzelnen hohe Kosten und sprach dem Grundherrn für das aufgeteilte Gemeinheitsland den Anspruch auf den Zehnten zu. Hier trat erst nach der Ablösungsordnung von 1833 eine grundsätzliche Änderung ein. Solange das Meierrecht und die Rentenberechtigung der Grundherren fortbestanden, an deren Beseitigung sich im 18. Jahrhundert noch niemand wagte, weil eine Verringerung des Steueraufkommens und vom Adel Einbußen an sozialer und politischer Bedeutung zu befürchten waren, solange mußte diese Reform Stückwerk bleiben.[17]

Eine geringe Anzahl an Verkoppelungen hatte es, wie bereits angedeutet, im *Herzogtum Braunschweig* bei der *Generallandesvermessung* (1746–1784) gegeben, deren Verfahrensvorschriften darauf hinweisen:
1. Vermessung der Feldmark und Aufzeichnung aller Einzelheiten der Besitzungen,
2. Neuverteilung der Besitzungen,
3. Anfertigung der Vermessungsbeschreibungen und Feldrisse.[18]

Auch hier fehlte es an gesetzlichen Grundlagen, die Neuverteilung des Landes durchsetzen zu können. Die eigentlichen Verkoppelungen, in Braunschweig Separationen genannt, erfolgten erst nach 1834. Die napoleonische Zeit hatte den Gang der Entwicklung auch hier unterbrochen.

4. Dienstabstellungen durch Umwandlung in Dienstgeld

„Der Gewinn, den der Staat von der Aufhebung der Frondienstbarkeit haben wird, der wahre Wohlstand der Untertanen, die Beförderung der Industrie, die Bevölkerung, die Verbesserung des Ackerbaus, die Verminderung der unnützen Consumtion, die größere Freiheit des Volkes und die Folgen von allen diesen Vorteilen ... die Glückseligkeit des Ganzen — macht diese Sache mehr zur Angelegenheit des Staates als der einzelnen Besitzer der Diensthöfe.[19]
(Industrie hier im Sinne von Fleiß gebraucht)

16 Jordan, wie Anm. 3, S. 142 ff.
17 Albrecht-Thaer-Gesellschaft Celle: Die Landwirtschaft Niedersachsens 1914–1964. Hannover 1964. S. 64.
18 Jordan, wie Anm. 3.
19 C. F. G. Westfeld: Über die Abstellung des Herrendienstes. In: Hannoversches Magazin 56. Stück, 1773, Sp. 882–912. Vgl. dazu K. H. Schneider: Die landwirtschaftlichen Verhältnisse und die Agrarreformen in Schaumburg-Lippe im 18. und 19. Jahrhundert. Rinteln 1983. (Schaumburger Studien H. 44) S.112–124.

Mit diesen Worten warb 1773 der schaumburg-lippische Kammerrat Westfeld in einer Preisschrift der Göttingischen Akademie der Wissenschaften für eine Reform, die auch die *herrschaftliche Abhängigkeit* der Bauern, wenn nicht gänzlich aufzuheben, so doch in ihren Auswirkungen zu lindern suchte. Der Autor wußte, wovon er schrieb, denn zwischen 1770 und 1773 hatte er im Auftrag seines Landesherren, Graf Wilhelm zu Schaumburg-Lippe, Dienstabstellungen auf den landesherrlichen Domänen durchgeführt. Die dabei gemachten Erfahrungen und sich hieraus ergebenden allgemeinen Überlegungen teilte er nun mit seiner Preisschrift einer größeren Öffentlichkeit mit.

Mit der „Frondienstbarkeit" waren die „Herrendienste" gemeint, jene manchmal sehr zahlreichen und bedrückenden, manchmal eher unbedeutenden Verpflichtungen der Bauern zu Bewirtschaftung herrschaftlicher Eigenbetriebe, seien es nun Rittergüter oder landesherrliche Domänen. Besonders die Bauern, die dem Landesherrn dienstpflichtig waren, wurden durch diese Last schwer getroffen, da fast jedem Amt ein *Vorwerk* oder eine *Domäne* zugeordnet war. Aber auch dort, wo der Dienst nicht häufig verlangt wurde, behinderte er die Bauern in ihrer Wirtschaftsführung, da nur die Zahl der pflichtigen Tage pro Woche feststand, nicht aber, ob die Dienste tatsächlich zu verrichten waren. Erst am Abend vorher wurde dies den Bauern mitgeteilt. Spezielle Erntedienste, Pflug- und Eggetage vergrößerten noch die Belastung.

Während auf den kleinen adligen Gütern schon früh die Dienste in Geldzahlungen umgewandelt worden waren, bestanden bei den landesherrlichen Domänen oft die naturalen Dienste bis Mitte des 18. Jahrhunderts. Somit mußten gerade die Bauern ein Interesse an der Abstellung dieser Dienste haben.

Westfeld wies in seiner Schrift von 1773 zusätzlich darauf hin, daß vor allem der Staat von einer Abstellung profitiere. Der Dienst behinderte eine intensive Bestellung des Landes und stand damit im Widerspruch zu einer Politik, welche eine Steigerung der Ernteerträge bewirken wollte. Während des Dienstes wurde nachlässig und langsam gearbeitet, während der Dienstherr nicht nur die Kosten für die Verpflegung der Bauern zu übernehmen hatte, sondern auch in einer modernen Wirtschaftsführung behindert wurde. Die Dienstpflicht war also eine Verschwendung von Zeit und Arbeitskraft, die woanders besser genutzt werden und damit der gesamten Volkswirtschaft zugute kommen konnten.

Bedacht werden mußten aber die finanziellen Folgen von Dienstabstellungen, da die Domänen immer noch einen unverzichtbaren Beitrag zu den Staatseinnahmen leisteten. Westfeld schlug deshalb ein Verfahren vor, für das er mit den Worten warb:„*Niemand soll verlieren und der Dienstpflichtige den Aufwand, der keinem zugute gekommen ist, gewinnen.*"

Er konnte dabei auf den in Schaumburg-Lippe gemachten Erfahrungen aufbauen. Bislang hatten die Bauern für die nicht benötigten Wochendienste ein *Dienstgeld* zahlen müssen. Nun sollten sie für den Wegfall fast aller Dienste ein sogenanntes erhöhtes Dienstgeld aufbringen. Von diesem Geld wurden Arbeiter und Gespanne bezahlt, die auf den Domänen nun anstatt der Bauern (bzw. deren Knechte) die Arbeiten verrichteten. Für arbeitsintensive Zeiten wie die Ernte mußten die Bauern jedoch weiterhin gewisse Dienstleistungen übernehmen.

Nachdem in anderen niedersächsischen Gebieten, wie z. B. in *Oldenburg*, wo unter dänischem Einfluß seit 1693 die Dienste in Geldzahlungen umgewandelt worden waren, beschäftigte man sich auch in *Kurhannover* seit 1750 damit. Aber erst ab 1774 begann die Durchführung der umfassenden Reform. Innerhalb von 20 Jahren wurden auf allen landesherrlichen Domänen die Dienste abgestellt. Die Reform zog sich hier solange hin, weil die Domänen jeweils für bestimmte Zeiträume verpachtet waren (meist an die Amtmänner) und erst nach Ablauf der Pachtzeit entsprechende Maßnahmen durchgeführt werden konnten. Die Verträge mit den Bauern („Rezesse") wurden zunächst auf 30 Jahre abgeschlossen, danach war theoretisch eine Rückkehr zum alten Zustand möglich.

Durch die Dienstabstellungen änderte sich auch die Wirtschaftsführung vieler landesherrlicher Domänen. Während bei den größeren nur die entfernt liegenden Ländereien wegen der weiten Wege an Bauern verpachtet wurden, löste man die kleineren z. T. durch Vereinzelung, d. h. durch Verpachtung aller Flurstücke an Bauern, auf.

Die Abstellungen wurden offenbar allgemein von den Bauern begrüßt, schienen sie doch das Ende einer drückenden Last zu bedeuten. Später stellte sich heraus, daß es nicht immer leicht war, das Dienstgeld rechtzeitig aufzubringen. Nach der Reform waren die Bauern stärker denn je auf gute Verkaufserlöse für Getreide und Vieh angewiesen. Viele mußten zusätzliche Arbeiten übernehmen (z. B. Dienstfuhren), um das Bargeld beschaffen zu können.

Anhand eines Rezesses über eine Dienstabstellung sollen die einzelnen Bestimmungen und der Ablauf kurz erläutert werden. Als Beispiel dient der *Abstellungsrezeß des Amtes Calenberg* vom 4. Januar 1776.[20] Er sollte, wie üblich, eine Laufzeit von 30 Jahren haben. Bei Vollmeiern mit bisher 104 Spanntagen im Jahr verminderte sich die Dienstlast auf 7 Tage, bei Halbmeiern sank die Dienstlast von 52 auf 3½ Tage, bei Großkötnern von 104 auf 5 (Hand-)Tage, bei Kötnern von 52 auf 2½ Tage. Für die entfallenden Diensttage mußte ein erhöhtes Dienstgeld von 4 Mariengroschen (Mgr.) 1 3/13 Pfennig (Pf.) pro Spanntag und 3 Pf. pro Handtag bezahlt werden. Bei einem Vollmeier machte das 12 Reichstaler (Rtlr.), bei einem Großkötner 1 Rtlr. 3 Mgr. aus. Abgestellt wurden zusätzlich bei den Meiern die Pflicht-Land-Pflugdienste und bei den Kötnern die Ernte-Pflicht-Dienste.

20 J. Beckmann: Beiträge zur Oeconomie, Technologie, Policey- und Cameralwissenschaft. 1. Th. Göttingen 1779. S. 115—138. Das Orginal befindet sich in NHStAH Hann. 74 Calenberg, Nr. 1013.

Bei den übrigen, an die Landesherrschaft bzw. an das Amt zu leistenden Dienste blieb es bei den bisherigen Verhältnissen. Spann- und Hand-Burgfesten, Landfolge- und Kriegerreisen, Gemeindedienste, Amtsfolgen und Wegedienste sowie Mühlendienste und weitere Dienste mußten unverändert geleistet werden. Allerdings sollte das Amt sie möglichst selten fordern:„*Soll mit dem Gebrauche der Dienste so viel möglich sparsam zu Werke gegangen werden, auch zu den Zeiten, wann die Untertanen mit der Feldarbeit am allermeisten zu tun haben, kein Dienst, außer in Fällen, die keinen Aufschub leiden, verlangt werden.*" (Art. 19, 3)[21]

Die *Dienstabstellungen* sind demnach keineswegs mit den späteren Dienstablösungen zu verwechseln, sie bilden höchstens eine Vorstufe zu ihnen. Manchem Bauern dürfte die Bezahlung der Dienstgelder im Laufe der Zeit schwergefallen sein, zumal das Geld auch bei Unglücksfällen pünktlich gezahlt werden mußte, sonst drohte eine Pfändung.

Die *Quellen zu den Dienstabstellungen* können von sehr unterschiedlichem Umfang sein. Von ausführlichen Gutachten und Berichten bis hin zum bloßen Text des Abstellungsrezesses ist alles möglich. Dort, wo die Überlieferung günstig ist, kann sie wertvolle Informationen über die tatsächliche Belastung der Bauern mit den Diensten enthalten, denn zusätzlich zu den üblichen Sollwerten wurden auch die *tatsächlich* verrichteten Dienste des letzten Jahrzehnts verzeichnet.

Literatur:

Zusätzlich zu den in den Anmerkungen zitierten Titeln sei verwiesen auf:

ABEL, W.: Geschichte der deutschen Landwirtschaft vom frühen Mittelalter bis zum 19. Jahrhundert. Stuttgart ³1978.

FRAUENDORFER, S.: Ideengeschichte der Agrarwirtschaft und Agrarpolitik im deutschen Sprachgebiet. Bd. 1. Von den Anfängen bis zum I. Weltkrieg. Bonn — München — Wien 1957.

CONRADY, S.: Die Wirksamkeit König Georgs III. für die hannoverschen Kurlande. NdsJbLdsGesch 39/1967. S. 150—191.

MITTELHÄUSSER, K.: Ländliche und städtische Siedlungen. In: Hans Patze, Hrg.: Geschichte Niedersachsens. Bd. 1. Hildesheim 1977. S. 259—438, bes. S. 371—375.

WRASE, S.: Die Anfänge der Verkoppelungen im Gebiet des ehemaligen Königreichs Hannover. Hildesheim 1973.

21 Beckmann, wie Anm. 20.

G) Ein kurzes, aber bedeutsames Zwischenspiel: Die westfälische Zeit

„Alle Leibeigenschaft, von welcher Natur sie sey und wie sie heißen möge, ist aufgehoben, indem alle Einwohner des Königreichs gleiche Rechte genießen sollen." [1]

Mit diesen verheißungsvollen Worten begann eine neue Zeit. Der zitierte Satz entstammt der Verfassung des Königreichs Westfalen vom 15. November 1807, und er sollte auch den Bewohnern der von Frankreich eroberten (zunächst hatte es noch „befreiten" geheißen) Länder die Segnungen der Französischen Revolution bringen : Gleichheit, Freiheit, Brüderlichkeit. Indes mußten die Franzosen bald feststellen, daß es eine Sache war, allen Menschen die Freiheit zu verkünden, eine andere aber, dieses auch in die Tat umzusetzen.

Zunächst war jedoch ein großer Schritt nach vorne getan. Denn bis 1806 war in Hannover in der Frage der bäuerlichen Abhängigkeit nichts geschehen. Im Gegenteil, die vorhandenen herrschaftlichen Abhängigkeiten waren sogar in der Calenberger Meierordnung von 1772 erneut bestätigt worden. Zwar vertraten ab 1780 immer mehr Zeitgenossen offen die Ansicht, daß eine Befreiung der Bauern dringend notwendig sei. Seit der Hinrichtung des französischen Königs 1793 wagte aber niemand mehr, solches tatsächlich in Angriff zu nehmen, da man sonst ähnliche Entwicklungen wie in Frankreich befürchtete.

Die Freiheit mußte also von den Franzosen gebracht werden. Nach ihren Siegen über Preußen bei Jena und Auerstedt 1806 ordneten sie die nordwestdeutschen und mitteldeutschen Verhältnisse neu. Die vorhandenen Staaten, unter ihnen Kurhannover, Braunschweig und Hessen-Kassel, wurden zu einem neuen *Königreich Westfalen* zusammengefaßt. Dieser neue Staat sollte nach den Grundsätzen der Franzosen organisiert werden und u.a. jegliche persönliche Unfreiheit aufheben. Doch was war das für eine Freiheit, die 1807 jedermann verheißen wurde? Die Bauern verstanden darunter das Ende jedweder Abhängigkeit von Grund- und Guts- und Leibherrn, die Beseitigung aller lästigen Abgaben und Dienste.

Das aber hatten die Franzosen nicht gemeint. Eingriffe in bestehende Eigentumsverhältnisse sollten nicht geduldet werden. Die meisten der vorhandenen Abgaben und Dienste wurden aber gerade als Eigentum der Grund- und Gutsherren gewertet, nur die direkter persönlicher Abhängigkeit entsprungenen Verpflichtungen hatten sie in Art. 13 der Konstitution aufheben wollen. Verwirrung war also die Folge jener eingangs zitierten Bestimmung.

Zwei Monate später mußte in einer „Erläuterung" erklärt werden, was denn nun mit „Freiheit" gemeint war. Wegfallen sollten demnach:
1. *„bloß persönliche Dienste oder Personal-Frohnden",*

---

1 Bulletin der Gesetze und Dekrete des Königreichs Westphalen. Cassel ²1810. 1. Bd. S. 13.

2. „alle Dienste, welche ... von der Willkür dessen, der sie zu fordern hat, abhängig sind",
3. das *Gesinde-Zwangrecht*, also die Verpflichtung des Bauern, die eigenen Kinder dem Herrn als Gesinde anzubieten,
4. der Zwang, vor einer Heirat die Einwilligung des Herrn einzuholen (Bedemund, Brautkauf, Heiratskonsens),
5. Anteile des Leibherrn am Privatvermögen eines verstorbenen Leibeigenen (Sterbfall = Mortuarium, Besthaupt, Bestpferd).

Bislang unfreie Bauern konnten nun auch ihren Hof verlassen, wenn sie bestimmte Fristen einhielten. Sie wurden rechtsfähig und konnten Eigentum erwerben.

Es waren allerdings mehr Erwartungen geweckt worden als befriedigt werden konnten. Die genannten Bestimmungen berührten nur eine Minderheit der niedersächsischen Bauern. Für die übrigen wurde dagegen genau aufgezählt, welche Verpflichtungen und Bindungen weiterhin bestehen bleiben sollten. Ausdrücklich wurde betont, daß die Grundherren das Obereigentum an den bäuerlichen Grundstücken behielten, während die Bauern das Untereigentum hatten. Abgaben und Dienste, die aus diesem grundherrlichen Verhältnis herrührten, sollten weiterhin bestehen bleiben.

Insgesamt schuf das Dekret mehr Probleme als es löste. Bei den Bauern gab es weiterhin Unklarheiten, welche Dienste geleistet werden mußten und welche entfielen. Dienstverweigerungen und Auseinandersetzungen mit den Dienstherren waren die Folge dieser Situation. So wurde in einem weiteren Dekret noch einmal darauf hingewiesen, daß solche Dienste weiter bestehen blieben, bei denen die Zahl der Diensttage, der Umfang des Dienstes oder die Größe des zu bearbeitenden Grundstücks feststanden. Bezeichnend ist aber, daß die Bauern grundsätzlich verpflichtet wurden, ihre Dienste auch bei Auseinandersetzungen mit dem Dienstherrn bis zu einer gerichtlichen Entscheidung weiter zu leisten.

Immerhin hatte das Dekret von 1808 den Bauern die Möglichkeit eröffnet, auf dem Wege der gütlichen Einigung mit dem Grundherrn zu einer Ablösung zu gelangen. Auf diesem Weg war aber eine umfassende Befreiung der Bauern nicht möglich. Zu unterschiedlich waren die Vorstellungen von Bauern und Herren darüber, wie hoch die Entschädigungszahlungen sein sollten. So wurde am 18. August 1809 das königliche Dekret veröffentlicht, „*welches die Art und Weise bestimmt, wie die nicht aufgehobenen Dienste und Grundabgaben sollen abgelöst werden können*". Im Vergleich zu späteren Ablösungsgesetzen ist es sehr kurz gehalten, enthält aber eine erste *Formulierung des Ablösungsgedankens*. Es nennt die für die einzelnen Abgaben gültigen Ablösungssätze, gibt kurze Hinweise zur Art der Wertermittlung und bietet als vorübergehende Ablösungsmöglichkeit eine Umwandlung der Abgaben in eine feste Rente an.

Für Geldzinsen und Geldabgaben sollte der 20fache Jahresbetrag gelten, für alle anderen Abgaben und Dienste der 25fache Betrag. Den Wert der Naturalzinsen und Dienste mußten Schätzer unter Berücksichtigung langjähriger Durchschnittswerte bestimmen. Bei Diensten wurde nur berechnet, welchen Wert sie für den Dienstherrn hatten, wobei gegebenenfalls während des Dienstes gereichte Mahlzeiten (Pröven) mit angerechnet wurden. Die Bauern konnten ihre einzelnen Abgaben und Dienste nacheinander ablösen, jedoch bei Diensten und Zehnten unter der Bedingung, daß sich die Mehrheit der betroffenen Pflichtigen dafür entschied. Den Zeitpunkt der Kapitalzahlung konnten die Bauern bestimmen, bis dahin genügte eine Rente in Höhe von 5% des Ablösungskapitals.

In aller Kürze war hier *das* Prinzip der Bauernbefreiung formuliert worden, welches in den Gebieten Deutschlands westlich der Elbe im weiteren Verlauf des 19. Jahrhunderts überall Anwendung fand. Es basiert auf der *Geldzahlung* als Mittel der Befreiung. Damit unterscheidet es sich grundlegend von dem Prinzip der Landabtretung, welches zur gleichen Zeit in den älteren Teilen Preußens (östlich der Elbe), beginnend mit dem Oktoberedikt des Freiherrn vom Stein, eingeführt wurde.

Ablösungen sollten ohne finanzielle Nachteile für die Grundherren eine Befreiung der Bauern erreichen. Dabei hatten die Bauern mit einer einmaligen Zahlung so viel Geld aufzubringen, daß die Zinsen dieses Kapitals dem Wert der bisherigen Abgabe entsprachen.Bei einem Zinssatz von 4% bedeutete dies, daß der Bauer den 25fachen Wert der Abgabe zahlen mußte.

Zunächst war den Ablösungen im Königreich Westfalen kein Erfolg beschieden. Auch nach dem Dekret vom August 1809 blieb ihre Zahl gering. Daran konnten auch einige Verbesserungen in den Folgejahren nicht viel ändern. Die Gründe für diesen Mißerfolg waren vielfältig. Als hinderlich und äußerst nachteilig erwies sich, daß den Franzosen nicht viel Vertrauen entgegengebracht wurde. Kriegsdienste und hohe Kriegssteuern belasteten die ländliche Bevölkerung in einem hohen Maße, so daß meist die finanziellen Mittel für eine Ablösung fehlten. Unzureichend waren zudem die gesetzlichen Regelungen. Schließlich verstrich viel Zeit, bis staatliche Ablösungsbehörden zu arbeiten begannen. 1813 endete dann die französische Herrschaft, und die Ablösungen hatten in diesen wenigen Jahren keine entscheidenden Fortschritte erzielen können.

So bleibt ein zwiespältiges Ergebnis der französisch-westfälischen Agrarreformen. Sie brachten an tatsächlichen Erleichterungen nur wenig. Dafür wurde erstmals das Prinzip der Ablösungen formuliert und damit der Weg gewiesen, der zwanzig Jahre später überall in Deutschland eingeschlagen werden sollte.

Literatur

HEITZER, H.: Insurrectionen zwischen Weser und Elbe. Volksbewegungen gegen die französische Herrschaft im Königreich Westfalen (1806—1813). Berlin 1959.

THIMME, F.: Die inneren Zustände des Kurfürstentums Hannover unter der Französisch-Westfälischen Herrschaft. 1806—1813. Hannover u. Leipzig 1895. Bd. 2.

Sammlung von Gesetzen, Königlichen Dekreten, Staatsrath-Gutachten, Ministerialschreiben und Instructionen zur Ergänzung des Gesetzbuchs Napoleons für Westphalen. Hannover 1811.

H) Die hannoversche Ablösungsgesetzgebung

1. Der lange Weg zu den Ablösungsgesetzen

1814/15 wurde in den Gebieten des nunmehrigen Königreichs Hannover, das gegenüber dem Kurfürstentum um die Gebiete Osnabrücks, des Emslandes, Ostfrieslands, Hildesheims, Goslars und des Eichsfeldes vergrößert worden war, der alte Zustand in der Agrarverfassung wiederhergestellt(*Restauration*). Damit war der Versuch verbunden, die französische Zeit mit ihren weitreichenden gesellschaftlichen Veränderungen zu ignorieren. Und tatsächlich nahm die ländliche Bevölkerung diesen Rückschritt zunächst widerspruchslos hin. Nur die Osnabrücker Bauern wehrten sich, bedeutete doch die neue Zeit für sie eine Rückkehr zur alten Unfreiheit. Insgesamt aber blieben die Menschen ruhig. Sie waren froh, wieder in Frieden und ohne Kriegslasten zu leben. Die Regierung und die Gutsherren im „Hannöverschen" brauchten sich keine Sorgen zu machen. Doch was 1815 wie der Beginn einer langen friedvollen Zeit aussehen mochte, war tatsächlich nur ein 16 Jahre dauerndes Zwischenspiel, ein Aufschub, mehr nicht.

Auch wenn es anfangs so schien, als sei es möglich, die Wirkungen der Franzosenherrschaft auf dem Gesetzesweg zu beseitigen, erwiesen sich die inzwischen erfolgten *gesellschaftlichen Veränderungen* als stärker.

Schon um 1800 befand sich die Landwirtschaft in großer Abhängigkeit von den Preisen für agrarische Produkte. Die Höhe des Marktpreises für Roggen, Weizen und Hafer, für Kühe oder Milch entschied mit über Wohlstand oder Not der bäuerlichen Familien. Während der französisch-westfälischen Zeit war es vielen Bauern schlecht ergangen. Nach 1815 schien sich das zunächst zu ändern. Eine allgemeine Mißernte ließ die Getreidepreise auf Rekordhöhen schnellen. 10 Jahre später befand einer der besten zeitgenössischen Kenner der hannoverschen Landwirtschaft, Gustav von Gülich:*„Das Zusammentreffen günstiger Verhältnisse führte in den Jahren 1817 und 1818 für die norddeutsche Landwirtschaft die glücklichste Periode herbei, die sie in der neueren Zeit und vielleicht je erlebt hatte."*[1]

Es war nur eine kurze Blütezeit. Denn schon bald fielen die Getreidepreise. Gute Ernten in mehreren aufeinanderfolgenden Jahren sorgten für ein Überangebot auf den Märkten und ließen die Preise immer tiefer sinken. Mit diesem jähen Preissturz hatten selbst die Fachleute nicht gerechnet. Kostete der hannoversche Himten Roggen (ca. 21,5 kg) im Gebiet der Landdrostei Hannover 1816 noch über 62 Groschen (1 Rtlr. = 36 Gr.), so bekam man 1824 nur noch etwas über 11 Groschen für die gleiche Menge Getreide. Danach stiegen die Preise zwar wieder langsam an, blieben aber immer unter denen von 1816/17.[2]

---

1 G. v. Gülich: Über den gegenwärtigen Zustand des Ackerbaus, des Handels und der Gewerbe im Königreiche Hannover. Hannover 1827.
2 R. Oberschelp, Bearb.: Beiträge zur niedersächsischen Preisgeschichte des 16. bis 19. Jahrhunderts. Hildesheim 1986. S. 88.

Abb. 6 Getreidepreise in Hannover 1810—1827. (Roggenpreise in Rtlr./100 kg).
Nach: Reinhard Oberschelp, Hrsg.: Beiträge zur niedersächsischen Preisgeschichte
des 16. bis 19. Jahrhunderts. Hildesheim 1986, S. XXXVIII.

Hinter diesen dürren Zahlen verbarg sich eine katastrophale Entwicklung.
Wollte der Staat weiter eine leistungsfähige Landwirtschaft behalten, so mußte
er handeln, je schneller, desto besser. Doch zunächst geschah nichts. Ganz im
Gegenteil, die Lasten der Landwirtschaft stiegen noch zusätzlich an. 1822 war
im Königreich zur Deckung der gestiegenen Staatsausgaben eine neue einheitli-
che Grundsteuer eingeführt worden. 1830 beschrieb Stüve deren Folgen für die
bäuerliche Bevölkerung:

*„Was jetzt die Klagen über jene Grundsteuer erregt, ist nicht die Erhöhung derselben;
. . . es ist das Mißverhältnis der Steuer zu denen, die sie zahlen, nicht zu dem Boden,
der sie trägt. Wenn in Calenberg, Hildesheim, einem Theile von Osnabrück das
Grundeigenthum, welches Zehnten, Dienst und 2 bis 3 Himpten Meierkorn vom
Morgen trägt, mit dem freien [Grundeigentum] einerlei Grundsteuer tragen soll, so
muß der Besitzer erdrückt werden . . .*[3]

Eine Wendemarke war erreicht. Die Regierung mußte sich entscheiden, ob Hannover ein moderner Staat werden sollte, der seine Einnahmen nur aus Steuern
deckte oder weiter der feudale Domänenstaat bleiben wollte, der große Teile sei-

---

3 C. B. Stüve: Über die Lasten des Grundeigentums und Verminderung derselben in
Rücksicht auf das Königreich Hannover. Hannover 1830. S.54 f.

ner Einnahmen aus feudalen Leistungen der Bauern bezog. Eine Mischung beider Systeme wie bisher mußte bei den jetzt erheblich ansteigenden Steuerlasten die Landwirtschaft über kurz oder lang erdrücken.

Die allgemeine konjunkturelle Lage und die neue Steuerpolitik des Staates wiesen beide auf eine Reform der ländlichen Verhältnisse. Ein dritter Bereich tat dies ebenfalls. Die ländliche Gesellschaft bestand, wie schon gezeigt, längst nicht mehr nur aus Bauern, sondern die *unterbäuerliche, landarme Bevölkerung* wuchs weiter an. Bislang hatte sie ein knappes Auskommen vor allem durch Arbeit im Hollandgang und in der Leinenweberei gefunden. Für diese Menschen änderte sich ab 1830 alles zum Schlechteren. Mit den weiter steigenden Getreidepreisen wurde das tägliche Brot immer teurer, gleichzeitig sanken die Preise für Leinwand durch die Maschinenkonkurrenz und Baumwollproduktion. In Holland fanden ebenfalls weniger Menschen einen Verdienst. So verwundert es nicht, wenn die Unruhe innerhalb dieser Bevölkerungsschicht größer wurde und die Bereitschaft zur Gewaltanwendung stieg.

Die Zeitgenossen beobachteten das mit großer Sorge. In Schriften, Aufsätzen und Büchern befaßten sie sich mit der sogenannten *sozialen Frage*. Auch der schon zitierte Osnabrücker Jurist und Publizist *Carl Bertram Stüve* (1798—1872), Mitglied der hannoverschen Ständeversammlung, tat das. Er sah vor allem die Gefahren, die von den Landarmen, in Osnabrück waren dies besonders die Heuerleute, ausgehen konnten:

„Was uns gefährdet, sind die Heuerleute, die in allen Wegen die meisten Fäuste haben, sich schlecht befinden und nun natürlich zuerst gegen den Staat erbittert sind, von dem sie allerdings den allermindesten Genuß und gar manche Last haben."[4]

Stüves Hauptsorge galt jedoch den Bauern. Als Rechtsanwalt kannte er deren Sorgen und Nöte genau. Er ließ sich auch durch die scheinbare Ruhe innerhalb der bäuerlichen Bevölkerung nicht täuschen. In der vielbeachteten Schrift von 1830 *„Über die Lasten des Grundeigentums und Verminderung derselben in Rücksicht auf das Königreich Hannover"* forderte er gesetzliche *Ablösungsmöglichkeiten für die Bauern*. U. a. kritisierte er das Weiterbestehen der Dienste und Abgaben, welche er für den schlechten wirtschaftlichen Zustand zahlreicher Bauernhöfe verantwortlich machte.

Gleichzeitig legte er mit dieser Schrift ein Programm zur Ablösungsgesetzgebung vor. In seinen Grundzügen unterschied es sich nicht wesentlich von der französisch-westfälischen Gesetzgebung 21 Jahre zuvor. Allerdings schlug Stüve auch Landabtretungen als Entschädigung in einigen Fällen vor. Er focht zwar mit Vehemenz für ein Ablösungsgesetz, doch dabei sollte das Eigentum der Grundherren in keiner Weise angetastet werden. Gleichzeitig verlangte er Sicherungen gegen eine Zersplitterung des bäuerlichen Grundbesitzes nach der Befreiung des

---

4 Ders.: Briefe. Hrg. Walter Vogel. Göttingen 1959. Bd. 1. S. 195.

Grundeigentums — Stüve strebte damit einen von *feudalen Abgaben befreiten mittleren Bauernstand* an. Für ihn waren nur die Bauern in der Lage, den Staat auf Dauer zu schützen.

Er stand mit seinen Ansichten nicht allein. Mit ihm setzten sich viele prominente und weniger bekannte Publizisten für die Bauernbefreiung ein. Doch vorerst scheiterten alle Versuche an den politischen Mehrheitsverhältnissen. Der hannoversche Adel beherrschte die Erste Kammer der Hannoverschen Ständeversammlung und blockierte erfolgreich eine entsprechende Gesetzesinitiative Stüves im Jahre 1829.

2. Die Unruhen von 1831 und das Ablösungsgesetz

Am 28. Januar 1831 wandten sich die Ortsbauermeister von elf *Ortschaften südlich Hannovers* in einer Petition an die Regierung. Verfaßt war diese Petition von Johann Christian Otto Ohlendorf aus Hiddestorf. In dieser Petition wurde gewünscht:

1. *„Die Ablösung des unser Grund-Eigenthum hoch belastenden Zinses und Zehntens."*
2. *„Unsere Vertretung durch hinlängliche Anzahl Deputirte bey der Provinzial-Landschaft und allgemeinen Ständeversammlung."*
3. *„Richtige Vertheilung der Reiter-Einquartierung und der dazu sonst gehörenden Kosten."*
4. *„Aufhebung des Schutzgeldes der Häuslinge."*[5]

Dies seien Forderungen, *„durch welche unserm unterthänigsten Dafürhalten nach der unter uns immer mehr überhand nehmenden Armuth ein Ziel gesetzt werden wird"*.

Zu Punkt 1 wurde verwiesen auf eine Ankündigung der Ersten Kammer, eine Ablösungsmöglichkeit anzubieten. Es wurden aber auch die vielen Lasten des Bauernstandes aufgezählt:*„ Grund-, Gewerbe-, Häuser-, Personensteuer, außer Einquartierung mit Staats-Service-Officirquartir und Ordonanzgelder, Dienstgeld, Landschaft, Herrhafer, Hammelstroh, Rauchhühnergeld, Wacht- und Postgeld, Landgerichten Geld, Chausseefuhren, Burgfesten."*

Punkt 2 bezog sich auf die Tatsache, daß die Bauern in der hannoverschen Ständeversammlung nicht vertreten waren, mit Ausnahme weniger, freier Bauern.

Der 3. Punkt erklärt sich aus der Tatsache, daß die Bauern und die ländliche Bevölkerung insgesamt unter den Militärlasten am meisten zu leiden hatten.

Zum 4. Punkt, der Aufhebung des Schutzgeldes für Häuslinge, wird erläutert:

---

5 NHStAH Hann. 74, Hannover Nr. 1716.

„Bey den hohen Getreidepreisen, der theuren Hausmiethe und den geringen Erwerbs-
mitteln, die ihnen [den Häuslingen] zu Gebote stehen, besonders da die Spinnerey,
ihr ehemaliger Nahrungszweig, des unseligen Maschinenwesens halber fast ganz dar-
niederliegt . . . ist eine Abgabe für sie unerschwinglich."

Abschließend versicherten die Bauern noch einmal ihre Treue zum König und
gaben ihrer Hoffnung Ausdruck, *„daß die auf verfassungsmäßigen Wegen vorge-*
brachten Beschwerden Gehör finden sollen".

Die Bauern meldeten sich — endlich — in der Ablösungsfrage zu Wort. Was war
geschehen?

Im Juli 1830 war in Paris der letzte Bourbonenkönig gestürzt worden. Diese *fran-*
zösische Julirevolution fand einen weiten Nachhall in Europa. Unter den deutschen Staaten war besonders das Kurfürstentum Hessen(-Kassel) davon betrof-
fen. Hier protestierten schon im Spätsommer und im Herbst 1830 große Teile
der ländlichen Bevölkerung. Vor allem dort, wo große Armut herrschte, stei-
gerte sich dieser Protest bis zur Gewalttätigkeit. Zentren einer breiten Volksbe-
wegung waren Kassel und die Provinz Hanau. Auch in Hessen gab es das Problem einer zahlreichen und verarmten unterbäuerlichen Bevölkerung. Stärker
noch als in Hannover war sie mit einer Fülle von Steuern belastet, die nach 1814
eingeführt worden waren. Die Bewohner der Provinz Hanau litten zudem noch
unter dem preußisch-hessen-darmstädtischen Zollvertrag von 1828, durch den
kurhessische Waren hoch besteuert wurden, wenn sie im benachbarten „Aus-
land" auf den Markt kamen. Und schließlich stießen auch die alten feudalen Abgaben auf breiten Widerstand. Neben direktem Aufruhr gab es auch eine große
Petitionsbewegung. Über 200 Gemeinden beteiligten sich daran.[6]

Der Aufruhr lohnte sich. Schon am 5. Januar 1831 wurde eine hessische Verfassung veröffentlicht. Drei Paragraphen dieser Verfassung waren speziell für die
bäuerliche Bevölkerung gedacht. § 25 stellte fest: *„Die Leibeigenschaft ist und*
bleibt aufgehoben." In den Paragraphen 33 und 34 wurde zudem ein *Ablösungsge-*
setz für Dienste und Abgaben angekündigt.

Der Inhalt dieser hessischen Verfassung, die übrigens eine Vertretung der Bauern
in der Ständeversammlung vorsah, fand schnell weite Verbreitung in Nordwestdeutschland. So war sie sicher vielen bekannt, die im Januar 1831 in *Hannover*
erleben konnten, wie sich Bürger dort ihrer Obrigkeit widersetzten. In Göttingen und Osterode wurde die vom Staat eingesetzte Stadtverwaltung abgesetzt.
Schneller Einsatz von Militär sorgte hier wieder für Ruhe und Ordnung.

Auch wenn in den beiden Städten bald wieder die alten politischen Verhältnisse
herrschten, so blieb doch die allgemeine Kritik an den bestehenden Zuständen
im Lande, ja, sie verschärfte sich noch. Hauptpunkt war das Fehlen einer Verfas-

---

6 E. Sakai: Der kurhessische Bauer im 19. Jahrhundert und die Grundlastenablösung.
   Melsungen 1963. S. 63—81.

sung, die u.a. auch eine angemessene Vertretung der Bauern in der Ständeversammlung ermöglichte. Dann folgte schon die Forderung nach einem Ablösungsgesetz. Petitionen aus allen Teilen des Landes verstärkten diese in Broschüren und Büchern formulierte Kritik und gaben ihr ein besonderes Gewicht.

Ein erstes Ergebnis dieser *landesweiten Unruhen* war der Rücktritt des allseits verhaßten Ministeriums Münster. Ein zweites war der Beginn der Vorarbeiten zu einem Ablösungsgesetz. In einem weitgehend ländlich geprägten Land wie Hannover konnten weitere Unruhen nur durch eine Reform der Feudalverhältnisse vermieden werden. Zwei Jahre vorher war Stüve noch mit seinem Antrag auf ein Ablösungsgesetz gescheitert. Nun, unter den veränderten politischen Verhältnissen, wurde im Februar 1831 ein erneuter Antrag eingebracht. Schon im März legte die Regierung einen entsprechenden Gesetzentwurf vor. In den Monaten darauf wurde dieser Entwurf von einer gemeinsamen Kommission aus Abgeordneten und Regierungsmitgliedern überarbeitet.

Am 30. 11. 1831 wurde als Ergebnis dieser Arbeit die *„Verordnung über die bei Ablösung der grund- und gutsherrlichen Lasten und Regulierung der bäuerlichen Verhältnisse zu befolgenden Grundsätze"* veröffentlicht. In der kurzen Zeit und unter dem Zwang, schnell ein Mittel gegen weitere Unruhen zur Hand zu haben, hatte man sich auf die Erstellung von Grundsätzen für ein später vorzustellendes Gesetz beschränkt. In der Einleitung der Verordnung hieß es dazu:

Da die *„Erlassung eines vollständigen Gesetzes über diesen Gegenstand aber wegen der annoch nöthigen Untersuchung einzelner Verhältnisse nicht sofort tunlich war und Wir gleichwohl wünschen, Unsere Absichten in jener Beziehung baldmöglichst zur Kenntnis Unserer Unterthanen zu bringen"*,[7] seien nur die Grundsätze der Ablösung bekanntgegeben worden. Immerhin umfaßten auch diese schon 49 Paragraphen und waren damit umfangreicher als die Ablösungsdekrete der französischen Zeit.

3. Die gesetzlichen Regelungen zur Ablösung von 1831/33

„Jeder Besitzer von Grundstücken, die in einem Meier-, Eigenbehörigkeits-, Meierdings-, Hägerdings- oder ähnlichen gutsherrlichen Verbande stehen, oder mit Zinsen, Zehnten, Diensten oder sonstigen Real-Lasten behaftet sind, hat das Recht, seine Grundstücke durch Ablösung oder Verwandlung nach den Grundsätzen des gegenwärtigen Gesetzes davon zu befreien, sofern ihm ein erbliches Recht an demselben zusteht."[8]

---

7   Sammlung der Gesetze, Verordnungen und Ausschreiben für das Königreich Hannover vom Jahre 1831. Hannover 1831, S.209 f.
8   Ebd., S. 210.

Dieser erste Paragraph der Verordnung vom 30. 11. 1831 nannte nicht nur die Höfe, die von einer Ablösungsmöglichkeit Gebrauch machen konnten, er gab auch die Lasten an, von welchen die Bauern sich befreien konnten. Während die gesetzlichen Möglichkeiten von dem Großteil der damaligen bäuerlichen Bevölkerung genutzt werden konnten, blieben doch einige Lasten weiterhin *nicht ablösbar* bzw. wurden von der Verordnung nicht berührt. Es waren dies:

— Markenberechtigungen und Gemeinheitsrechte;
— forstherrliche Gerechtsame;
— Jagd- und Fischereigerechtigkeiten;
— Servituten;
— Rechte der Forst-Interessenten;
— Abgaben von Ziegeleien und Schankwirtschaften;
— das Lehnverhältnis;
— Staats-, Gemeinde- und Sozietätslasten (§ 3).

Die *Ablösungen der übrigen Lasten* (Dienste, Zinsen und Zehnten) sollten nach dem Grundsatz erfolgen, daß die Befreiung bewirkt werde *„durch Abstellung der Lasten mittels Entschädigung des Berechtigten nach demjenigen reinen Ertrage, welchen er aus dem bisherigen Rechte gezogen hat".*[9] Gegenleistungen der Grund- und Gutsherren an die Bauern, etwa Verköstigung während des Dienstes zugunsten des Bauern, wurden bei der Wertermittlung mit berücksichtigt.

Die Verordnung behielt weiterhin die Möglichkeit einer gütlichen Einigung zwischen Bauern und Grundherren bei. Erst nach ihrem Scheitern traten die gesetzlichen Bestimmungen in Kraft. Hierin lag der entscheidende Fortschritt, denn gütliche Einigungen ohne gesetzliche Rahmenbedingungen hatten in der Praxis nur selten eine Chance.

Die Ablösung konnte erfolgen in Form
— einer Kapitalzahlung,
— einer beschränkten Landabfindung oder
— einer Verwandlung in eine feste Geld- oder Fruchtrente.

Bei einer *Kapitalablösung* mußte der 25fache Jahreswert der bisherigen Abgaben bezahlt werden. Eine Landabtretung war nur bei Zehntablösungen gestattet und auch dann nur mit der Auflage, daß sie ⅙ der zehntpflichtigen Flur nicht überschreiten dürfe. Die Umwandlung der Abgabe in eine feste Geldrente stellte nur eine Übergangslösung bis zur endgültigen Kapitalablösung dar.

Beim späteren Ablösungsverfahren wurde allerdings immer so vorgegangen, daß zuerst der Wert der Geldrente berechnet wurde. Diese war dann auch Grundlage einer Kapitalablösung. Fruchtrenten, die in der Verordnung ebenfalls vorgesehen waren, stellten einen nicht mehr zeitgemäßen Kompromiß dar zwischen

---

9 Sammlung der Gesetze ... vom Jahre 1833. Hannover 1833, S.147—248

dem Verlangen, eine von Preisschwankungen unabhängige Rente zu ermitteln und dem Zwang, eine Ablösungsmöglichkeit anzubieten. Sie spielten später keine Rolle.

Für die einzelnen Abgaben und Dienste wurden jeweils gesonderte Bestimmungen genannt. Zu den Diensten hieß es:*„Die Abstellung der Naturaldienste geschieht nach demjenigen Werte, den sie für den Berechtigten haben; der größere Schaden, den die Leistung dem Verpflichteten zuzog, soll überall nicht in Betracht kommen"* (§ 22). Dienste, die zur Bewirtschaftung eines Gutes benötigt wurden, konnten nur nach Mehrheitsentscheid der Gesamtheit der Pflichtigen abgelöst werden.

Eine ähnliche Regelung galt auch für die Zehntrechte, die meist geschlossen auf der Flur eines Dorfes lagen. Bei Zehnten, Naturalabgaben und unregelmäßigen Abgaben waren besondere Schritte zur Wertermittlung notwendig. Die Berechnung erfolgte auf der Basis langjähriger Durchschnittswerte. Die genaue Klärung dieser Fragen erfolgte erst in der Ablösungs-Ordnung vom 10. August 1833.

Während Stüve 1830 noch darüber nachgedacht hatte, wer von den beiden Parteien ein *Antragsrecht* auf eine Ablösung haben sollte, nahm die Verordnung eine eindeutige Position ein. Bis auf wenige Ausnahmen sollte nur dem Pflichtigen ein Antragsrecht (Provokationsrecht) zustehen. Dadurch sollte verhindert werden, daß Berechtigte (Grundherren usw.) durch einen Antrag auf Ablösung den pflichtigen Bauern in finanzielle Schwierigkeiten brachten.

Die Ablösung befreite die Bauern von feudalen Lasten. Gab sie damit aber auch gleichzeitig eine Verfügungsfreiheit über den Hof? Paragraph 31 entschied dazu:

„Durch die Abstellung der auf einem Hof oder Grundstück ruhenden gutsherrlichen Rechte und Lasten derjenigen Berechtigten, denen vorhin eine Beschränkung der Dispositionsbefugnis zustand, erwirbt der Besitzer des Hofes oder Grundstückes das volle Eigentum daran."

Ein pflichtiger Bauernhof konnte sogar schon vor einer Ablösung verkauft werden, wenn aus dem Verkaufsgeld die *„bisherigen Lasten und Gefälle abgelöst"* wurden und der Gutsherr diesem Verkauf zustimmte (§ 6).

Trotzdem blieben auch nach der Ablösung Beschränkungen bestehen. So galt weiterhin das *Verbot eines Verkaufs* einzelner Grundstücke oder der Teilung der Höfe. Teilverkäufe waren ausnahmsweise nur dann zulässig, wenn aus ihrem Erlös eine Ablösung bestritten werden sollte und der Hof dadurch in seinem Bestand nicht gefährdet wurde (§ 33). Die vorhandenen Erbfolgeordnungen mit dem Anerbenrecht wurden nicht angetastet.

Die Verordnung vom 10. 11. 1831 enthielt auch schon erste Regelungen zum Verfahrensablauf. Danach hatte der Antragsteller (Provokant) sämtliche Kosten des Verfahrens zu tragen. Für die Durchführung der Ablösung wurde die Einrichtung besonderer Ablösungsbehörden angekündigt.

Die Regelung der vielen, auch nach dieser Verordnung offenen Fragen erfolgte erst knapp zwei Jahre später, im August 1833, in der bereits erwähnten Ablösungs-Ordnung.[10] In 354 Paragraphen, die in 8 Kapitel („Titel") aufgeteilt waren, wurden die genauen Einzelheiten der Ablösung festgelegt. Von besonderer Bedeutung war u.a. die Bestimmung der Ablösungspreise für Naturalabgaben und Dienste (§§ 193—222) sowie die Einsetzung und Arbeitsweise von staatlichen Ablösungsbehörden (§§ 242— 354).

4. Landeskreditanstalt und Abschluß der Ablösungsgesetzgebung

Anders als in den meisten deutschen Staaten wurden die hannoverschen Ablösungsbestimmungen von 1831/33 in den nächsten Jahrzehnten nicht verändert. Bis 1866 gab es keine einschneidenden Eingriffe in diese Bestimmungen.

Ablösungen bedeuteten für die bäuerlichen Betriebe eine *erhebliche finanzielle Belastung*. Wollten die Bauern ablösen, mußten sie meist zunächst versuchen, einen Kredit zu bekommen; denn über ausreichende ersparte Beträge verfügte bis 1850 nur eine unbedeutende Minderheit. Deshalb hatte Stüve schon 1830 vorgeschlagen, in Verbindung mit dem Ablösungsgesetz eine besondere Kreditanstalt für ablösungswillige Bauern einzurichten. Von der Regierung war eine solche Institution zunächst abgelehnt worden, doch 1836 begann man mit den Vorarbeiten für die Einrichtung einer entsprechenden Kreditanstalt. Über deren Aufgaben gab es aber unterschiedliche Auffassungen. Während die Mehrheit der Ständeversammlung sie nicht nur für Ablösungszahlungen, sondern auch für sonstige betriebliche Aufwendungen eingerichtet sehen wollte, beschränkte die Regierung deren Aufgaben zunächst auf Ablösungen.

Am 25. Februar 1842 nahm schließlich die Kreditanstalt ihre Arbeit auf, dehnte dann aber doch bald entsprechend den früheren Vorschlägen der Ständeversammlung ihren Wirkungsbereich als *„Hannoversche Landeskreditanstalt"* (18. Juni 1842) auf die finanzielle Förderung von Betriebsverbesserungen aus. Die Landeskreditanstalt vergab langfristige und unkündbare Kredite zu einem Zinssatz von 3½% und einer Tilgung von ½%. Die Ablösungen erfuhren nun eine wesentliche Erleichterung, auch wenn nicht übersehen werden darf, daß trotzdem eine hohe und langfristige Verschuldung mit ihnen verbunden war.

So waren 20 Jahre nach dem Erlaß der Ablösungsordnung und elf Jahre nach der Einrichtung der Landeskreditanstalt von den Bauern erst ca. 40% der Abgaben und Dienste abgelöst worden. 1865, ein Jahr vor dem Ende des Königreichs Han-

10 G. A. Grotefend, Hrg.: Die Gesetze und Verordnungen für die Provinz Hannover aus der Hannoverschen und Preußischen Gesetzes — Sammlung. Düsseldorf 1879. S. 985 f.
In dieser Sammlung finden sich auch alle weiteren wichtigen Gesetze zu den Agrarreformen, einschließlich Gemeinheitsteilungen und Verkoppelungen.

nover, waren es 75%. Dies waren im Vergleich zu anderen deutschen Staaten Zahlen, die auf einen langsamen Ablauf der Ablösungen hindeuten. So wurde es auch von der Regierung gesehen.

1867, nun schon unter preußischer Herrschaft, wurde am 28. September die „Verordnung betr. die Ablösung der Reallasten, welche dem Domänenfiskus im vormaligen Königreich Hannover zustehen" erlassen. Sie erlaubte im Gegensatz zu den gesetzlichen Bestimmungen von 1831/33 jetzt auch dem Berechtigten, eine Ablösung zu beantragen (§ 2). In diesem Fall mußten die Pflichtigen statt des 25fachen Jahreswertes der betreffenden Abgabe nur den 18fachen Betrag zahlen. Konnte der Pflichtige eine Kapitalzahlung nicht vornehmen, so wurde die Abgabe in eine Jahresrente umgewandelt, die 41,5 Jahre lang bezahlt werden mußte. Nach Ablauf dieser Zeit galt die Schuld als erloschen.[11] Damit waren die Voraussetzungen gegeben, um innerhalb von 10 Jahren die Ablösungsverträge abzuschließen.

1874 erfolgte eine weitere Ergänzung mit dem „Gesetz betr. die Ablösung der den geistlichen und Schul-Instituten, sowie den frommen und milden Stiftungen usw. in der Provinz Hannover zustehenden Realberechtigungen" vom 15. Februar. Es sah eine Kapitalablösung durch den 25fachen Jahresbetrag bei Antrag durch den Pflichtigen und 22½fachen Jahresbetrag bei Antrag durch den Berechtigten vor. Damit konnten die zahlreichen und verschieden Abgaben an Kirchen und Schulen, wie Roggen-, Buchweizen-, Brot- und Fleischlieferungen zum Unterhalt der Geistlichen, Küster und Lehrer abgelöst werden.

5. Gesetzliche Regelungen der Erbfolge

Das bäuerliche Erbrecht bildete einen der Pfeiler der niedersächsischen Agrarverfassung. Bis auf vergleichsweise unbedeutende Ausnahmen galt das Anerbenrecht. Es sollte, wie schon erläutert, sicherstellen, daß es eine breite bäuerliche Schicht gab und damit einer extremen Besitzzersplitterung entgegenwirken. Die tatsächlichen Erbgewohnheiten in den Gebieten, die nach 1815 zum Königreich Hannover gehörten, wiesen aber trotzdem noch eine große Vielfalt auf, wie wir eingangs gesehen haben.

Diese Situation sorgte bei der Ablösung für besondere Probleme. Ein alle bisherigen Erbrechte und Erbgewohnheiten nivellierendes neues Erbrecht wäre zwar möglich gewesen, hätte aber viele Widerstände heraufbeschworen. Die Regierung beließ es deshalb zunächst alles beim alten. Zusammen mit der Ablösungsordnung vom 23. 7. 1833 erschien eine „Verordnung über die Verhältnisse der in Folge der Verordnung vom 10. November 1831 durch Ablösung freigewordener Güter".

11 Ebd., wie Anm. 10.

Zur Erbfolge nach der Ablösung bestimmte sie in § 2: *„In Ansehung der gedachten Güter* . . . *soll in Beziehung auf die Erbfolge im Gute, die Bevorzugung des Anerben, und die damit in Verbindung stehende Bestimmung der Abfindungen (Brautschatz) der abgehenden Kinder; auf die Vermögensverhältnisse der Eheleute untereinander, und die Bestimmung der Altenteile und Leibzuchten, und auf die Anordnung von Interimswirtschaften, die Wiederverheiratung der Witwer und Witwen auf den Gütern, und die Bestimmung der Mahl- oder Wirtschaftsjahre, bis zu weiterer Verfügung nach denselben Grundsätzen und Vorschriften verfahren, und bei entstehenden Streite entschieden werden, welche während der Abhängigkeit (Gutspflichtigkeit) des Guts Gültigkeit hatte.* "[12]

Der Wunsch nach Verhinderung einer freien Teilbarkeit der Bauernhöfe und die komplizierten regionalen Erbgewohnheiten hatten also zur Verfestigung des bestehenden Zustandes geführt. Dabei übernahm nach den Ablösungen zumeist der Staat die Rolle, die zuvor der Gutsherr innegehabt hatte. Es entwickelte sich ein Zustand, der als *„öffentliche Grundherrschaft"* bezeichnet wurde.[13]

Bald stellte sich heraus, daß ein Festschreiben der bestehenden Zustände notwendige Entwicklungen in der Landwirtschaft verhinderte. Ablösungen und Gemeinheitsteilungen zielten auf eine starke Bindung der Höfe an die Marktwirtschaft, damit war auch eine größere Beweglichkeit des Bodens verbunden. 1836, 1842, 1848, 1851, 1854 und 1856 forderte deshalb die Ständeversammlung entsprechende gesetzliche Neuregelungen, welche jedoch weiterhin durch die komplizierten regionalen Besonderheiten verhindert wurden. Schließlich waren 1866 durch die preußische Annexion die Grundlagen für eine Neufassung des bäuerlichen Erbrechts gelegt. 1871 schlug das preußische Innenministerium eine radikale Wendung ein. Es regte die vollständige Beseitigung eines speziellen bäuerlichen Erbrechts an. Begründet wurde dieser Schritt mit der bekannten regionalen Zersplitterung und der fehlenden eindeutigen Bestimmung des Begriffs „Bauer" sowie der Tatsache, daß es nicht möglich war *„durch ein Gesetz klar abzugrenzen, wann das sonstige Vermögen und wann der Hof für das anzuwendende Recht maßgebend sein sollte".*[14]

Diese Vorlage des Innenministeriums stieß auf breite Kritik. 371 Petitionen gegen die freie Teilbarkeit gingen insgesamt beim Provinziallandtag ein. Ein Kompromiß wurde mit dem *Höfegesetz vom 2. 6. 1874* gefunden. Es ermöglichte jedem Eigentümer eines Hofes, durch einen ausdrücklichen Willensakt zu entscheiden, daß seine Besitzungen künftig dem Anerbenrecht unterliegen sollten. Diese Höfe wurden in die *Höferolle* eingetragen. Die Löschung der Eintragung war jederzeit

---

12 Wie Anm. 7, S. 249 f.
13 W. Wittich: Die Grundherrschaft in Nordwestdeutschland. Leipzig 1896. S. 413 und 445.
14 W. Bischoff: Die Geschichte des Anerbenrechts in Hannover von der Ablösungsgesetzgebung bis zum Höfegesetz vom 2. Juni 1874. Diss. Göttingen 1966, S. 80.

möglich. Eintragungsfähig war jede bewohnbare Besitzung mit Landwirtschaft; eine Verwendung des Begriffs „Bauernhof" wurde also vermieden. Das Gesetz hatte keine Gültigkeit für Gebiete, in denen das Anerbenrecht zuvor nicht bestanden hatte.

Nach einer Eintragung in die Höferolle konnten nur die Nachkommen des Erblassers erben. Der älteste Sohn, bei dessen Fehlen die älteste Tochter, hatten Vorrang. Der Anerbe mußte seine Geschwister auszahlen. Die Berechnung des Pflichtteils richtete sich nach dem Gesamtwert des Hofes. Davon erhielt der Anerbe im voraus ein Drittel, während der Rest gleichmäßig unter die erbenden Geschwister verteilt wurde.

6. Die Durchführung der Ablösungen

„Ablösungs — Recess

zwischen dem Hauswirth Johann Heinrich Aselmann zu Arpke, als Provocanten einer Seits und den Herrn Freiherrn von Steinberg, nämlich

1. *dem Herrn Gutsbesitzer Carl Ernst Johann von Steinberg in Brüggen,*
2. *S(eine)r. Excellenz dem Herrn Oberhofmarschall Johann Ernst August Philipp von Steinberg in Hannover und*
3. *dem Herrn Major und Kriegsrath Georg Carl von Steinberg daselbst als Provocaten anderer Seits, ist folgender Ablösungs-Contract wohlbedächtig verabredet und geschlossen worden.*

§. 1. Der Provocant muß an genannte Herrn Provocaten alljährig um Martini = 15 Himten Kasseler oder 12½ Himten Neu Braunschweiger Maaße Rocken liefern. Der Ort der Ablieferung ist Arpke.

§. 2. Diese Abgabe ist Gegenstand der gegenwärtigen Ablösung und beträgt, nach dem pro 1842 — wo der Antrag abseiten des Provocanten geschehen — gegolten habendem Normalpreise ad 19 gg. 9 d. pro Himten = 10 Rtlr. 6 gg. 10½ d. multiplicirt mit 25 = 257 Rtlr. 3 gg. 10½ d. wovon jedoch nach der Ablösungsordnung 3 Procent abzusetzen sind mit 7 Rtlr. 17 gg. 1½ d. das Ablösungs-Capital überall 249 Rtlr. 10 gg. 1½ d. geschrieben = Zweihundert Neun und Vierzig Rthlr.[Reichstaler] 10 gg. [Gute Groschen] 9 d. [Pfennig] Landes M[ün]ze.

§ 3. Außerdem wird provocatorischer Seits eine Entschädigung für das Recht auf den Heimfall in Anspruch genommen, was Provocant aber in Abrede stellte; Partes haben sich jedoch dahin vereinbart, daß für diese ungewisse Abgabe eine Entschädigung von 13 ggr. 3 d. dem obigen Ablösungs-Capitale hinzugesetzt werde und daher vom Provocanten ein Ablösungs-Capital von insgesamt Zweihundert fünfzig Rthlr. zu zahlen ist.

§ 4. Die genannte Abgabe gehört nach den Herrn Provocanten Angabe zum Allodium und resp. zu den Fideicommißgütern derselben, jedoch mit der Beschränkung,

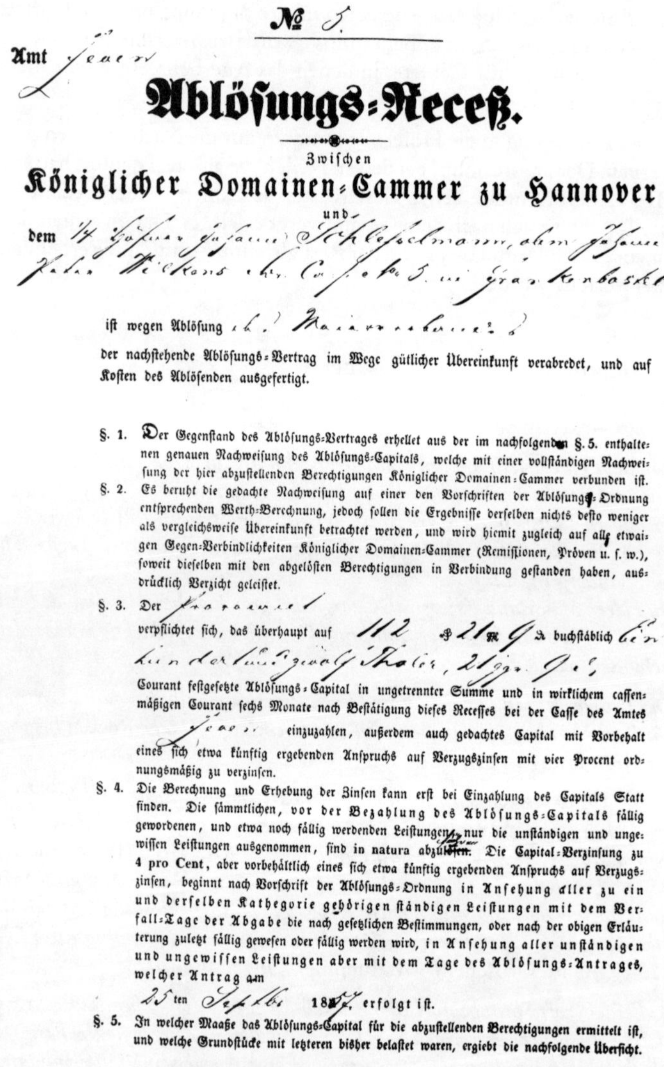

Amt *Jever*

Ablösungs-Receß.

Zwischen

Königlicher Domainen-Cammer zu Hannover

und

dem *¼ Köhner Johann Schlöselmann, ehm Johann*
Peter Wilkens der Cösche 3 zu Grakenbostel

ist wegen Ablösung *(d.) Maierverbünd (?)*

der nachstehende Ablösungs-Vertrag im Wege gütlicher Übereinkunft verabredet, und auf Kosten des Ablösenden ausgefertiget.

§. 1. Der Gegenstand des Ablösungs-Vertrages erhellet aus der im nachfolgenden §. 5. enthaltenen genauen Nachweisung des Ablösungs-Capitals, welche mit einer vollständigen Nachweisung der hier abzustellenden Berechtigungen Königlicher Domainen-Cammer verbunden ist.

§. 2. Es beruht die gedachte Nachweisung auf einer den Vorschriften der Ablösungs-Ordnung entsprechenden Werth-Berechnung, jedoch sollen die Ergebnisse derselben nichts desto weniger als vergleichsweise Übereinkunft betrachtet werden, und wird hiemit zugleich auf alle etwaigen Gegen-Verbindlichkeiten Königlicher Domainen-Cammer (Remissionen, Pröven u. s. w.), soweit dieselben mit den abgelösten Berechtigungen in Verbindung gestanden haben, ausdrücklich Verzicht geleistet.

§. 3. Der *Provocant*
verpflichtet sich, das überhaupt auf *112 ℳ 21 ℔ 9 ₰* buchstäblich *Ein-*
hundert und zwölf Thaler, 21 gr. 9 ₰
Courant festgesetzte Ablösungs-Capital in ungetrennter Summe und in wirklichem cassenmäßigen Courant sechs Monate nach Bestätigung dieses Recesses bei der Casse des Amtes
Jever einzuzahlen, außerdem auch gedachtes Capital mit Vorbehalt eines sich etwa künftig ergebenden Anspruchs auf Verzugszinsen mit vier Procent ordnungsmäßig zu verzinsen.

§. 4. Die Berechnung und Erhebung der Zinsen kann erst bei Einzahlung des Capitals Statt finden. Die sämmtlichen, vor der Bezahlung des Ablösungs-Capitals fällig gewordenen, und etwa noch fällig werdenden Leistungen, nur die unständigen und ungewissen Leistungen ausgenommen, sind in natura abzuführen. Die Capital-Verzinsung zu 4 pro Cent, aber vorbehältlich eines sich etwa künftig ergebenden Anspruchs auf Verzugszinsen, beginnt nach Vorschrift der Ablösungs-Ordnung in Ansehung aller zu ein und derselben Kathegorie gehörigen ständigen Leistungen mit dem Verfall-Tage der Abgabe die nach gesetzlichen Bestimmungen, oder nach der obigen Erläuterung zuletzt fällig gewesen oder fällig werden wird, in Ansehung aller unständigen und ungewissen Leistungen aber mit dem Tage des Ablösungs-Antrages, welcher Antrag am
25 ten Septbr. 18*57* erfolgt ist.

§. 5. In welcher Maaße das Ablösungs-Capital für die abzustellenden Berechtigungen ermittelt ist, und welche Grundstücke mit letzteren bisher belastet waren, ergiebt die nachfolgende Übersicht.

Abb. 6a Ablösungsrezeß eines Viertelhöfners von 1857
Durch ihn wurden Grundzins, Weinkauf, Sterbeschilling, Stiefelgeld, Consensgelder
für Holzhauungen, Heimfallsrecht und Bräutigamsheisterpflicht mit 112 Talern,
21 Guten Groschen und 9 Pfennigen abgelöst. Das entsprach einem Wert von 4 Kühen
oder 3 Pferden.
Quelle: Privatarchiv Seedorf.

daß sie zu einem Stipendium für Theologie Studierende bestimmt ist und daher das jedes maligen jus conferendi der berechtigten Familie zustehe.

§ 5. Das Ablösungs-Capital wird — vorausgesetzt, daß Partes sich nicht über einen früheren Zahlungs-Termine vereinbaren würden, 6 Monate nach Bestätigung dieses Recesses, sammt Zinsen zu 4 Procent vom 10. Novbr. 1842 an, in Arpke ausbezahlt und erklären die Herren Provocaten, daß sie nach Empfang desselben, den Provocanten als für vollständig liberirt von allen Verbindlichkeiten anerkennen..

§ 6. Alle bisher von der Commission aufgegangenen und ferner aufgehende Kosten trägt Provocant.

§ 7. Beide Theile entsagen allen ihnen gegen diesen Receß zustehenden Einreden und Ausflüchten und vollziehen denselben beide Theile namentlich aber provocatorischer Seits Sr. Excellenz der Herr Oberhofmarschall Freiherr von Steinberg, und der Herr Major und Kriegsrath von Steinberg, letzterer für sich und vermöge des in beglaubigter Abschrift angeschlossenen Curatorii als Curator des Herrn Gutsbesitzer Freiherrn von Steinberg in Brüggen, eigenhändig, bitten übrigens auch um Commissarische Bestätigung dieses Recesses. So geschehen zu Bodenburg, dn. 2. Juli 1843. (LS) Johann Ernst August Philipp von Steinberg und zu Hannover, den 4. Juli 1843 (LS) Ernst Georg Carl von Steinberg für mich und vermöge des in beglaubter Abschrift beigefügten Curatorii für meinen Vetter den Gutsbesitzer Carl Ernst Johann von Steinberg zu Brüggen. "[15]

Anhand dieses Ablösungsrezesses aus Arpke im Amt Burgdorf lassen sich die Bestandteile einer Ablösung gut erkennen. Zunächst werden in der Einleitung die *beteiligten Parteien* genannt, wobei die Bezeichnung „Provocant" darauf verweist, daß der „Hauswirth" Johann Heinrich Aselmann die Ablösung beantragt hatte. Sodann werden in § 1 die Abgabe, ihr Maß, ihr Leistungszeitpunkt und der Leistungsort aufgeführt. Es folgt die *Berechnung des Ablösungs-Kapitals* entsprechend den jährlich von der Regierung veröffentlichten Normalpreisen. Nach den Bestimmungen der Ablösungs-Ordnung von 1833 wird der Jahreswert mit 25 multipliziert. Von dem so errechneten Ablösungs-Kapital werden noch einmal 3 % abgezogen, da Zinsgetreide zumeist in seiner Qualität nicht dem auf den Märkten angebotenen Getreide entsprach.

Als zweite abzulösende Abgabe erscheint in dem Rezesse (§ 3.) das *Heimfallsrecht*, also das Recht des Gutsherren, nach Aussterben aller direkten Erben den Hof einzuziehen und an einen anderen Bauern zu vermeiern. Bei dem Heimfallsrecht handelte es sich um eine „ungewisse" Last. Zwar verweigert der Bauer die Anerkennung dieser Verpflichtung, aber beide Seiten einigen sich auf eine eher symbolische Gebühr.

Die Abgaben standen nicht einem einzelnen Gutsherren zu, sondern waren Bestandteil eines adligen Fideikommißgutes. Das bedeutete, daß es sich um das unteilbare und unveräußerbare Vermögen einer Familie handelte.

15 NHStAH Hann 74 Burgdorf II, Nr. 358.

Von großer Bedeutung war der *Zahlungstermin*, denn erst nach Zahlung des Ablösungs-Kapitals war der bislang pflichtige Bauer von seinen Verbindlichkeiten gegenüber der Familie von Steinberg befreit. Die *Kosten des Ablösungsverfahrens* waren vom Antragsteller der Ablösung, dem Provokanten, zu tragen.

Der Rezess war nur ein Teil des gesamten Verfahrens. Nachdem er zwischen den beiden Parteien geschlossen war, bedurfte er noch der *Bestätigung durch die staatliche Ablösungskommission.* Die Aufgaben der Ablösungskommission waren schon 1831 festgelegt worden. Nach § 41 der Verordnung vom 30. 11. 1831 sollten Privat-Vereinbarungen über Ablösungen jeweils der zuständigen Ablösungskommission vorgelegt werden. Diese überprüfte und bestätigte sie, falls keine Einwände erhoben wurden. Ihre Aufgabe war es, u.a. darauf zu achten, daß die Rechte Dritter nicht übergangen und das „Staats- und Landespolizeiliche Interesse" nicht verletzt wurde. Die Leitung solcher Ablösungskommissionen oblag nach § 43 der Verordnung einem königlichen Beamten oder einem anderen Rechtskundigen, der für einen bestimmten Distrikt von der Landdrostei als übergeordneter Behörde ernannt wurde. Ihm standen von den beteiligten Parteien zu bestimmende Beisitzer zur Seite. Die Zuständigkeitsbezirke der Kommissionen deckten sich meist mit den Amtsbezirken.

Aufgabe der Kommissionen war nicht nur die Überprüfung und Bestätigung freiwilliger Vereinbarungen, sondern auch die Durchführung der gesetzlichen Ablösung, wenn eine gütliche Einigung zwischen den Parteien gescheitert war. Bei einer gesetzlichen Ablösung konnte die Kommission Gutachter und Taxatoren hinzuziehen. Jede Partei hatte das Recht, gegen die Entscheidung der Kommission Beschwerde bei der Landdrostei und gegebenenfalls beim Kabinetts-Ministerium einzulegen.

Im Fall des Bauern Aselmann aus Arpke sah der weitere Verlauf so aus, daß nach der Aufstellung des Rezesses dieser an die zuständige Ablösungskommission in Burgdorf übergeben wurde. Sie veröffentlichte die Abmachungen in den Lüneburgischen Anzeigen. Darin wurden alle Personen, *„welche vermeinen, bei dieser Ablösung als Lehns-, Fideikommiß- oder Wiederkaufsberechtigte, als Realgläubiger oder sonst aus irgend einem Grunde beteiligt zu sein, aufgefordert, diese ihre Rechte"* geltend zu machen.[16] Erst nachdem am festgesetzten Termin, hier der 9. 9. 1843, keine Einwände erhoben worden waren, konnte der Vertrag bestätigt werden.

Allerdings war Johann Heinrich Aselmann damit noch nicht von allen ihn betreffenden feudalen Abgaben frei. In den Ablösungsakten erscheint sein Name noch wenigstens zweimal: 1844 bei der Ablösung eines Rauchhuhns und 1872 bei der Ablösung von „Domanial-Gefällen" mit einem Ablösungskapital von 546 Rtlr. 7 Sgr. 1 Pf.[17]

16 NHStAH Hann 74 Meinersen Nr. 856, Burgdorf II, Nr. 410.
17 Ebd.

74

Dieses Beispiel eines Bauern aus dem Amt Burgdorf verdeutlicht einige wichtige Elemente des Ablösungsvorganges:

— die durchgehende staatliche Beteiligung in Form einer Ablösungskommission,
— den langwierigen Ablauf der Ablösung, um nicht die Rechte Dritter zu übergehen,
— die Aufsplitterung der Ablösungen eines einzelnen Hofes auf mehrere Ablösungsverträge je nach Empfänger und Art der Abgabe und die damit verbundene lange Dauer des gesamten Vorganges,
— die hohen Ablösungssummen, die vor allem von großen Höfen aufgebracht werden mußten, in diesem Fall sogar vergleichsweise geringe 800 Rtlr.[18]

Literatur: (soweit nicht in den Anmerkungen zitiert)

Zu den allgemeinen gesellschaftlichen Veränderungen:

HAGENAH, U.: Ländliche Gesellschaft im Wandel 1750 und 1850 — das Beispiel Hannover. NdsJbLdsGesch 57/1985. S. 161—206.

HUSUNG, H. G.: Protest und Repression im Vormärz. Norddeutschland zwischen Restauration und Vormärz. Göttingen 1983.

Zu den Reformen selbst neben WITTICH (wie Anm. 13):

ACHILLES, W.: Waren die Stein-Hardenbergischen Reformen Vorbild der hannoversch—braunschweigischen Ablösungsgesetze? NdsJbLdsGesch 46/47. 1975. S. 161—194.

BARTELS, G.: Preußen im Urteil Hannovers 1815—1851. Hildesheim 1960. S. 20—61.

CONZE, W.: Die liberalen Agrarreformen Hannovers im 19. Jahrhundert. Hannover (1946).

RÖHRBEIN, W. R.: Wegbereiter des demokratischen Rechtsstaates in Niedersachsen. Hannover 1966.(Schriftenreihe der nieders. Landeszentrale für politische Bildung Reihe B H. 7) Darin C.B. Stüve S. 23—52.

SIEVERS, J.: Landwirtschaftliche Verhältnisse und Aufhebung der Grundherrschaft im Landdrosteibezirk Stade. Rotenburger Schriften 52/1980, S. 49—82. 53/1980, S. 81—106.

VENTKER, A.-F.: Stüve und die hannoversche Bauernbefreiung. Oldenburg 1935.

18 Beispielsweise hatten Vollhöfner selbst auf den unfruchtbaren Böden der Stader Geest in der Regel an ihren Gutsherrn über 1 000 Rtlr., der Müller in Sittensen (Ldkr. Rotenburg) sogar 2 700 Rtlr. als Ablösungsbetrag zu zahlen. NStA Stade, Rep. 94 b x Nr. 4, Bd. 1 u. 2 (Ablösungsregister der Schulten auf Burg Sittensen).

I) Die Ablösungsgesetzgebung in Braunschweig, Schaumburg-Lippe und Oldenburg

Die übrigen im 19. Jahrhundert zum heutigen Niedersachsen zählenden Staaten hatten eine grundsätzlich ähnliche Ablösungsgesetzgebung wie das Königreich Hannover. Allerdings gab es einige zeitliche und inhaltliche Unterschiede.

Das *Herzogtum Braunschweig* hatte während der französisch-westfälischen Zeit ebenso wie das damalige Kurfürstentum Hannover und andere nordwestdeutsche Staaten seine Selbständigkeit verloren. Die vormaligen braunschweigischen Gebiete gehörten zwischen 1808 und 1813 zum Königreich Westfalen. Damit unterlagen sie ebenfalls der westfälischen Gesetzgebung, die schon dargestellt worden ist. Nach Wiederherstellung der alten Zustände wurden diese Gesetze am 2. Januar 1818 aufgehoben.

Eine gesetzliche Grundlage für Ablösungen fehlte somit. Sie konnten nur auf freiwilliger Basis zwischen Grundherren und Bauern abgesprochen werden. Einen ersten kleinen Fortschritt brachte die Verordnung über die Teilung der Gemeinheiten vom 25. März 1823. Sie ermöglichte Zehntablösungen durch Landabtretungen im Rahmen von Gemeinheitsteilungen. Zudem wurden die zuständigen Beamten aufgefordert, Ablösungen zu unterstützen.

Weitere Schritte im Hinblick auf eine Ablösungsgesetzgebung unterblieben zunächst. Erst die im Gefolge der französischen Julirevolution von 1830 ausbrechenden Unruhen gaben wichtige Anstöße in Richtung eines Ablösungsgesetzes. Zuvor hatte es in Braunschweig ein in Deutschland bis dahin einmaliges Ereignis gegeben. Am 6./7. September 1830 vertrieb das Volk den unbeliebten, seit 1827 wie ein absoluter Herrscher regierenden Herzog Karl II. Zwei Jahre später, am 12. Oktober 1832, erhielt das Land eine neue Verfassung (Landschaftsordnung). In ihr wurde auch ein vollständiges Ablösungsgesetz angekündigt (§ 36). Auseinandersetzungen zwischen Regierung und Landständen über einige Bestimmungen dieses Gesetzes verzögerten dessen Veröffentlichung bis zum 20. Dezember 1834.

Mit dieser „Ablösungsordnung" wurden alle auf den Bauernhöfen ruhenden Lasten für ablösbar erklärt und den ablösungswilligen Landwirten die Möglichkeiten gegeben, günstige Kredite aus dem Herzoglichen Leihhaus, der späteren Staatsbank, zu erhalten. Ergänzende Bestimmungen sind 1840 und 1867 erlassen worden.

In ihren zeitlichen wie inhaltlichen Grundzügen entsprach die braunschweigische Ablösungsgesetzgebung der hannoverschen. Es gab jedoch Unterschiede, die zu einem viel schnelleren Ablauf als im Königreich führten. Bis 1850 war die Masse der Zehnten abgelöst. Gleiches galt für die Dienste. Lediglich bei den Meiergefällen (Zinsen u.a.) verliefen die Ablösungen etwas langsamer. Während man in Hannover anfänglich darauf verzichtet hatte, auch den bisherigen Empfängern ein Antragsrecht einzuräumen, war dies in Braunschweig bei Diensten und Zehnten mit geringen Ausnahmen möglich. Förderlich wirkte sich hier auch aus, daß die von den Bauern aufzubringenden Ablösungsbeträge niedriger waren als in Hannover. So mußte bei Naturaldiensten nur der 18fache Betrag des Jahreswertes bezahlt werden. Bei Getreideabgaben wurde für die Preisermittlung der jeweilige Marktpreis unter Abrechnung von 12 % (in Hannover 3 %) berechnet. Schließlich konnten die Bauern von Beginn an günstige Kredite erhalten. Außerdem wurde hier bewußt eine Kombination von Ablösungen, Gemeinheitsteilungen und Verkoppelungen (Separationen) angestrebt. Im Vergleich zu allen anderen nordwestdeutschen Staaten wurden damit in Braunschweig die Ablösungen am schnellsten vollzogen.

Anders als Hannover und Braunschweig hatte das *Fürstentum Schaumburg-Lippe* auch in der französischen Zeit als Mitglied des Rheinbundes eine gewisse innere Selbständigkeit bewahren können. Deshalb fanden hier die westfälischen Agrarreformen keine Anwendung. Die persönliche Abhängigkeit (Eigenbehörigkeit) endete mit der Aufhebung der „Leibeigenschaft" am 10. Februar 1810. Die praktische Bedeutung dieser Maßnahme blieb jedoch für die betroffenen Bauern gering.

Wie in Hannover und Braunschweig brachte erst das Jahr 1831 den Beginn der Ablösungsgesetzgebung. Auch hier verlangte die Bevölkerung in Petitionen u.a. eine Aufhebung des Feudalwesens. Der neugewählte Landtag schloß sich dem Begehren an. Bemerkenswert an der 1831 einsetzenden Aktivität des Landtags für ein Ablösungsgesetz ist zweifellos die Tatsache, daß es abhängige Bauern waren, die als Landtagsdeputierte die Initiative ergriffen, während die städtischen Deputierten in dieser Frage eher abseits standen. Trotz eines frühen Ansatzes dauerte es bis 1845, ehe ein entsprechendes Gesetz veröffentlicht wurde. Es klammerte aber die Dienste zunächst noch aus.

So bildete die Ablösungsgesetzgebung während der Revolution von 1848/49 ein zentrales Thema. Schon im März 1848 wurden einige besonders unbeliebte Lasten wie das Heimfallsrecht und das Äußerungswesen (ein besonderes Entschuldungsverfahren) aufgehoben. Dagegen mißlang es dem Landtag trotz aller Versuche, eine Verbesserung der Ablösungsbedingungen und eine Einbeziehung der Dienste gegenüber der Regierung durchzusetzen. Mit dem Scheitern der Revolution unterblieben weitere gesetzliche Verbesserungen zunächst. Erst nachdem Schaumburg-Lippe Mitglied des Norddeutschen Bundes geworden war, folgten nach der Verabschiedung der Verfassung 1868 die die Agrarreformen betreffenden grundlegenden Gesetze. Hierzu gehörte das Ablösungsgesetz vom 26. April 1870, welches zusammen mit einer entsprechenden Kreditanstalt dafür sorgte, daß innerhalb der nächsten zehn Jahre die meisten feudalen Lasten abgelöst wurden.

Die dem Fürstentum Schaumburg-Lippe benachbarte zu Hessen gehörende *Grafschaft Schaumburg* profitierte dagegen von dem hessischen Ablösungsgesetz vom 23. Juni 1832.

Die Ablösungsgesetzgebung des *Großherzogtums Oldenburg* nahm ähnlich wie die Schaumburg-Lippes einen anderen Verlauf als in Hannover und Braunschweig. Zwar wurde in dem ab 1810 direkt dem französischen Staatsgebiet einverleibten Territorium am 9. Dezember 1811 die Leibeigenschaft aufgehoben und eine Reihe weiterer Rechte für ablösbar erklärt. Tatsächlich nutzten aber nur wenige Bauern die vorhandenen Ablösungsmöglichkeiten. 1814 wurde dieses Gesetz rückgängig gemacht, jedoch unterblieb eine Wiedereinführung der Leibeigenschaft. 1820 wurden einzelne Rechte der Grund- und Gutsherren aufgehoben; eine Entschädigung dafür sollte erst nach vorheriger Anmeldung der Entschädigungsansprüche erfolgen.

Schließlich wurde im August 1830 den Gutsherren der Kreise Vechta und Cloppenburg eine Entschädigung für den Wegfalls des Freikaufs, des Gesindezwangdienstes, des Erbfalls und des unbestimmten Erbgewinns zugesichert. Zur Regelung der Entschädigungsansprüche wurde eine staatliche Kommission eingesetzt.

Die Julirevolution von 1830 brachte in Oldenburg, hier vergleichbar mit Schaumburg-Lippe, nicht den Durchbruch. Petitionen der abhängigen Bauern hatten aber dafür gesorgt, daß mit den Vorarbeiten für ein entsprechendes Gesetz begonnen wurde. 1835 legte die fünf Jahre zuvor eingesetzte Regierungs-Kommission einen ausführlichen Gesetzentwurf vor. Er scheiterte am Widerstand des Landesherrn, der weitaus bedeutendster Grundherr im Lande war. Dabei blieb es für die folgenden 13 Jahre. In dieser Zeit versuchten die Bauern mehrmals durch Eingaben Druck auf die Regierung auszuüben.

1848 herrschte auch in Oldenburg eine gespannte Atmosphäre. Einerseits drängten die Bauern stärker denn je auf ein Ablösungsgesetz, andererseits sahen sie sich immer mehr der Kritik unterbäuerlicher, landarmer Schichten ausgesetzt. Vor diesem Hintergrund gelang endlich im Februar des folgenden Jahres der entscheidende Durchbruch. Nach Art. 59 des Staatsgrundgesetzes vom 18. Februar 1849 wurden für immer und entschädigungslos aufgehoben:

— der Gesindezwangdienst, Freikauf und Sterbfall;
— das Heimfallsrecht;
— der Neubruch- und Blutzehnt;
— das Recht auf Holzung auf fremdem oder pflichtigem Boden;
— alle Staatsfronden, Landfolgen oder dem Staat zu leistenden Hofdienste.

Für die Ablösung aller anderen Abgaben und Dienste sollten in einem Ablösungsgesetz die Grundlagen geschaffen werden. Zwei Jahre später, am 11. Februar 1851, erschien das *„Gesetz betr. die Ablösung der auf Grund und Boden haftenden Lasten"*. Sie konnten mit dem 16fachen, die Kornpächten, die fetten Schweine und der Sackzehnte mit dem 18 bzw. 20fachen Jahresbetrag abgelöst werden. 1852 wurde aller Lehnsverband beseitigt und schließlich durch das Gesetz vom 18. Mai 1855 auch die letzten an den Staat zu entrichtenden Lasten (Ordinärgefälle) aufgehoben.

Literatur (vergleiche auch die Hinweise zum vorhergehenden Kapitel):

Braunschweig

ACHILLES, W.: Siedlungs- und Agrargeschichte. In: R. Moderhack, Hrg.: Braunschweigische Landesgeschichte im Überblick. Braunschweig 1976. S. 129—150, hier S. 148 f.

LÜDERSSEN, R.: Die Befreiung und Mobilisierung des Grundbesitzes im Herzogtum Braunschweig. Braunschweig 1881.

SCHILDT, G.: Die Bauernbefreiung. In: Pöls, W./Pollmann, K. E., Hrg.: Moderne Braunschweigische Geschichte. Hildesheim u.a. 1982. S. 53—70.

Schaumburg-Lippe

SCHNEIDER, K. H.: Die landwirtschaftlichen Verhältnisse und die Agrarreformen in Schaumburg-Lippe im 18. und 19. Jahrhundert. Rinteln 1983.

Oldenburg

ECKHARDT, A. u. B.: Petitionen zur Bauernbefreiung aus den Kreisen Vechta und Cloppenburg 1831—1848. I. Die beiden Petitionen von 1831. II. Bemühungen um eine Ablösungsgesetzgebung für das Herzogtum Oldenburg 1808—1851. In: Jb. f. Oldenburger Münsterland. 1981. S. 96—115 u. 1984. S. 43—68.

HELLBERND, F. u. MÖLLER, H.: Oldenburg, ein heimatkundliches Nachschlagewerk. Vechta 1965.

ECKHARDT, A. u. SCHMIDT, H. Hrg.: Geschichte des Landes Oldenburg. Oldenburg 1987.

K) Gemeinheitsteilungen und Verkoppelungen

1. Die gesetzlichen Grundlagen

Den Bestrebungen der Landesherren und der Reformwilligen, Gemeinheitsteilungen und Verkoppelungen aus wirtschaftlichen Gründen voranzutreiben, war im 18. Jahrhundert trotz einiger durchgeführter Verfahren kein durchgreifender Erfolg beschieden (vgl. o. S. 38 ff). Gewiß gab es gesetzliche Grundlagen dafür, wie die Braunschweiger Verordnung vom 20. 12. 1745, nach der bei der Generallandesvermessung und der Aufhebung der *„bisherigen Graß-Theilung einem jeglichen Interessenten ein Stück Anger oder Wiese zugemessen, durch Pfähle oder Steine abgesondert, und ihm zur alleinigen Nutzung, damit er so gut als möglich cultiviren können, eigenthümlich zugeschlagen werden soll“.*[1] Doch soweit ist es selten gekommen.

Auch das Urbarmachungsedikt Friedrichs des Großen für Ostfriesland von 1765 und die Verordnung Georgs III. von 1768 „wie in Landes-Oeconomie-Angelegenheiten zu verfahren" für das Kurfürstentum Hannover hatten keine große Wirkung gehabt. Recht bedenklich war die Osnabrücker Verordnung vom 4. Juni 1785 als gesetzliche Maßnahme für die Markenteilung, d.h. Aufhebung aller gemeinschaftlichen Nutzungsrechte und Überführung des Markbodens in das Privateigentum. Dadurch verloren die zahlreich gewordenen Heuerleute die Weidemöglichkeiten für ihr Vieh, ferner die Brennholz- und Plaggennutzung. Man lieferte die ohnehin Armen nun ganz der Armut aus, so daß man die Durchführung dieses Gesetzes bald einschränken mußte.

Insgesamt litten die Gemeinheitsteilungen des 18. Jahrhunderts darunter, daß die gesetzlichen Regelungen nicht ausreichten und nur auf dem Wege freiwilliger Vereinbarung Teilungen durchgeführt werden konnten. Es gab aber meist immer einige Bauern im Dorf, die mit einer Gemeinheitsteilung nicht einverstanden waren, weil sie glaubten, ohne die Allmende nicht bestehen zu können, zumal der Staat bei den Teilungen vielfach ein Drittel der Gemeinen Weiden beanspruchte. So konnte der Einspruch weniger Berechtigter das gesamte Teilungsverfahren stoppen. Bis zum Ende des 18. Jahrhunderts waren nicht einmal 10% der Gemeinheiten und Marken geteilt.

Es bedeutete deshalb einen erheblichen Fortschritt, als am 25. Juni 1802 eine *Gemeinheitsteilungsordnung für das Fürstentum Lüneburg* erlassen wurde, nach der es nicht mehr nötig war, die Zustimmung aller Beteiligten einzuholen. Nunmehr genügte die Hälfte der Stimmen, nach Grundbesitz gewertet, die Gemeinheit aufzuheben und an die Berechtigten zu verteilen. Mit der Aufgabe, nach diesem

---

1 Friderich Adolph Wolterecks kurzer Begrif Braunschweigisch-Wolfenbüttelscher Landes-Ordnungen und Gesetze ... usw. Braunschweig, Leipzig, Wolfenbüttel 1771. Nieders.Staatsarchiv Wolfenbüttel jur O 199.

doch recht komplizierten Gesetz die Teilungen durchzuführen, wurde von der Königlichen Landwirtschaftsgesellschaft zu Celle eigens ein *Landesökonomiekollegium* gebildet, das von 1802 bis 1833 tätig war. In ähnlicher Weise wurde auch in Oldenburg ein Gemeinheitskommissar eingesetzt, für den am 7. Mai 1804 Instruktionen erlassen wurden. Das waren bereits Vorarbeiten für die am 16. Dezember 1806 verkündete *Oldenburgische Gemeinheitsteilungsordnung.*

Infolge der kriegerischen Ereignisse und der französischen Besetzung des Landes (1803—1813) konnten diese Teilungsordnungen erst rund 20 Jahre später voll wirksam werden, obwohl, insgesamt betrachtet, die napoleonische Zeit die Agrarreformen beschleunigt hatte. Die traditionellen Denkweisen der Bauern hatten sich verändert, und die Zahl der teilungswilligen Berechtigten war erheblich gestiegen. Viele Dörfer beantragten nunmehr eine Aufhebung ihrer Gemeinheiten, zumal die Übernutzung und Zerstörung der Gemeinen Weiden durch den Überbesatz an Vieh, durch den erhöhten Plaggenbedarf und durch die Vermehrung der Brinksitzer-, Anbauer- und Heuerlingsstellen weiter fortgeschritten waren. Dazu kamen Preisstürze für landwirtschaftliche Erzeugnisse, mehrere Mißernten und die Not der Tagelöhner und Heuerlinge, die kein eigenes Land hatten und keine hinreichende Arbeit fanden. Das alles drängte auf eine Änderung der bestehenden Verhältnisse.

Die 1802 für das Fürstentum Lüneburg erlassene Gemeinheitsteilungsordnung wurde nunmehr zum Vorbild für die gesetzlichen Regelungen in den anderen Landesteilen. Am 25. Juni 1822 wurde eine *Gemeinheits- und Markenteilungsordnung* für das Fürstentum Osnabrück erlassen.[2] Am 25. März 1823 folgte die *Verordnung über die Teilung der Gemeinheiten für das Herzogtum Braunschweig.* Auch hier wurde nach dem Lüneburger Muster eine „Landes-Oeconomie-Commission" eingesetzt, die für jedes Verfahren einen „Lokal-Commissar" bestimmte.

1824 folgten die Teilungsordnungen für die Fürstentümer Calenberg, Göttingen, Grubenhagen und Hildesheim sowie für die Grafschaften Hoya und Diepholz. Im nächsten Jahr, am 26. Juli 1825, erließ der hannoversche König die „*Ordnung über die Teilung der Allmenden und Verkoppelung der zerrissenen Felder für die Herzogtümer Bremen und Verden".*

Am 12. August 1835 wurde die Osnabrücker Gemeinheits- und Markenteilungsordnung auf das Herzogtum Arenberg-Meppen, auf die Grafschaft Bentheim und auf die Vogtei Emsbüren sowie am 27. Oktober 1838 auch auf die Niedergrafschaft Lingen ausgedehnt.

Die Teilungsordnung für die Herzogtümer Bremen und Verden von 1825 hatte bereits die Bezeichnung „*... und Verkoppelung der zerrissenen Felder"* getragen,

---

2 Th. Wallbaum: Zusammenstellung der Landes-Oeconomie-Gesetze der Provinz Hannover. Hannover 1875. S. 88 ff.

womit deutlich wird, daß inzwischen die Zweckmäßigkeit einer Verbindung von Gemeinheitsteilung, Ablösung und Verkoppelung erkannt worden war und hinfort auch angestrebt wurde.

Im *Herzogtum Braunschweig* war das bereits das Ziel der Generallandesvermessung von 1746—1784 gewesen, um durch die Zusammenlegung der Grundstücke und durch Aufteilung der Koppelweiden und Gemeindewiesen bei geringerem Arbeits- und Wegeaufwand zu größerer Rechtssicherheit und höheren Erträgen zu kommen.[3] Diesen Bemühungen war jedoch, wie schon angedeutet, kein durchgreifender Erfolg beschieden gewesen. Nun hatte man in Anlehnung an die Kgl. Landwirtschaftsgesellschaft zu Celle im Jahre 1832 einen landwirtschaftlichen Verein gegründet *„zwecks Beförderung der Gemeinheitsteilung, der Ackerzusammenlegung und der Dienst- und Zehntablösung".*[4] Dessen Vorstellungen flossen mit in die bereits behandelte braunschweigische Ablösungsordnung vom 20. Dezember 1834 ein (vgl. S. 76 f.), indem darin auch eine Gemeinheitsteilungsordnung und Richtlinien für die Verkoppelung der Felder aufgenommen wurden. Diese klare und von nahezu allen Beteiligten unterstützte Gesetzgebung bewirkte, daß im Herzogtum Braunschweig bereits 1850/60 die Gemeinheiten in der Hauptsache aufgeteilt und die Separationen weit fortgeschritten waren.

Im *Königreich Hannover* wurde als letzte grundlegende Neuerung am 30. Juni 1842 das *„Gesetz über die Zusammenlegung der Grundstücke oder die Verkoppelung"* erlassen, das auch für Ostfriesland, das Land Hadeln und den Oberharz galt, die bisher von keinen Teilungsordnungen erfaßt waren. Mit diesem bis 1856 mehrfach ergänzten und abgeänderten Verkoppelungsgesetz wurden die älteren Vorschriften aufgehoben. Nach der Annektion Hannovers erließ Preußen im Jahre 1872 ein neues Gesetz zur Umlegung (Verkoppelung), um die Einheitlichkeit in seinem Territorium zu wahren. Es wurde 1920 durch eine neue Umlegungsordnung ergänzt und schließlich durch das Reichsumlegungsgesetz vom 26. Juni 1936 in Verbindung mit der Reichsumlegungsordnung vom 16. 6. 1937 abgelöst, was eine reichseinheitliche Zusammenfassung im Flurbereinigungsrecht brachte. Diese reichsrechtlichen Bestimmungen wurden schließlich durch das *Flurbereinigungsgesetz* vom 14. 7. 1953 in der Bundesrepublik Deutschland ersetzt.

Das *Großherzogtum Oldenburg* erließ für seinen Bereich am 27. April 1858 ein *„Gesetz über die Zusammenlegung der Grundstücke (Verkoppelung)",*[5] dem am 20.

---

3 E. Pitz: Landeskulturtechnik, Markscheide- und Vermessungswesen im Herzogtum Braunschweig bis zum Ende des 18. Jahrhunderts. Göttingen 1967.
4 Albrecht-Thaer-Gesellschaft: Die Landwirtschaft Niedersachsens 1914—1964. Hannover 1964. S. 38.
5 G. Jordan: Die alten Teilungs- und Verkoppelungskarten im Raume Niedersachsen. In: Niedersächsisches Landesvermessungsamt, Hrg.: C. F. Gauß und die Landesvermessung in Niedersachsen. Hannover 1955. S. 142 ff.

April 1873 ein Markgesetz insbesondere für die Südoldenburger Gebiete folgte. Beide blieben bis in unser Jahrhundert gültig und wurden erst durch die o. g. Gesetze abgelöst.

Nachdem ausreichende gesetzliche Bestimmungen vorhanden waren, konnten Gemeinheitsteilungen und Verkoppelungen beschleunigt durchgeführt werden. War bei Verkoppelungen bis 1856 in Hannover noch die Zustimmung von zwei Dritteln der Beteiligten, nach Umfang des Grundbesitzes und der Berechtigten gemessen, erforderlich gewesen, so genügten hinfort die Stimmen für die Hälfte des Landbesitzes, das Verfahren in Gang zu bringen. Durch diese gesetzlichen Maßnahmen wurden die Verkoppelungen und Gemeinheitsteilungen im Königreich Hannover (bzw. ab 1866 der Provinz Hannover) so forciert, daß bis 1869 87 % der Gemeinheiten aufgeteilt waren mit Spitzenwerten für Aurich, Lüneburg und Stade (alle über 95 %), während Osnabrück mit seinen schwierigen Eigentumsverhältnissen in den Marken mit 61 % das Schlußlicht bildete. Verkoppelt waren bis dahin 64 % der zur Verkoppelung geeigneten Feldmarken, wobei wieder die Landdrostei Osnabrück das schlechteste Ergebnis hatte.[6]

2. Die Durchführung der Gemeinheitsteilungen und Verkoppelungen

a) Gemeinheits- und Markenteilungen

Nachdem von einer oder mehreren Gemeinden eine Gemeinheitsteilung beantragt worden war, wurden von der Landesökonomie-Kommission für jedes Verfahren ein „Localkommissar" und ein Feldmesser bestimmt. Sie waren dafür verantwortlich, daß zunächst das Gebiet genau vermessen und der bisherige Zustand der Gemeinheit, der Felder und Wiesen einschließlich der Hausplätze im Dorf in einer Karte festgehalten wurden. Mit der Vermessung war eine *Bodenschätzung* verbunden, deren Ergebnisse, in der Regel nach 6 Güteklassen unterschieden, gleichfalls auf der Karte erschienen. Damit waren die bestehenden Besitzverhältnisse einschließlich aller Grenzen und die Verbreitung unterschiedlicher Böden fixiert.

Viel Zeit und Sorgfalt wurden aufgewendet, das *künftige Wegesystem* und ein *Grabennetz* zu entwerfen, nach dem alle Flächen entwässert werden konnten; denn ohne Entwässerung und geeignete Zuwegung war an eine ertragreiche Landwirtschaft in den bisherigen Gemeinheitsgebieten nicht zu denken.

Generalteilungen

Nach dem Vorliegen der Karte begannen die Teilungen. Die Gemeinheitsteilungsordnung unterschied zwischen General- und Spezialteilung. Es galt bei der *Gene-*

---

6 S. Wrase: Die Anfänge der Verkoppelungen im Gebiet des ehemaligen Königreichs Hannover. Hildesheim 1973.

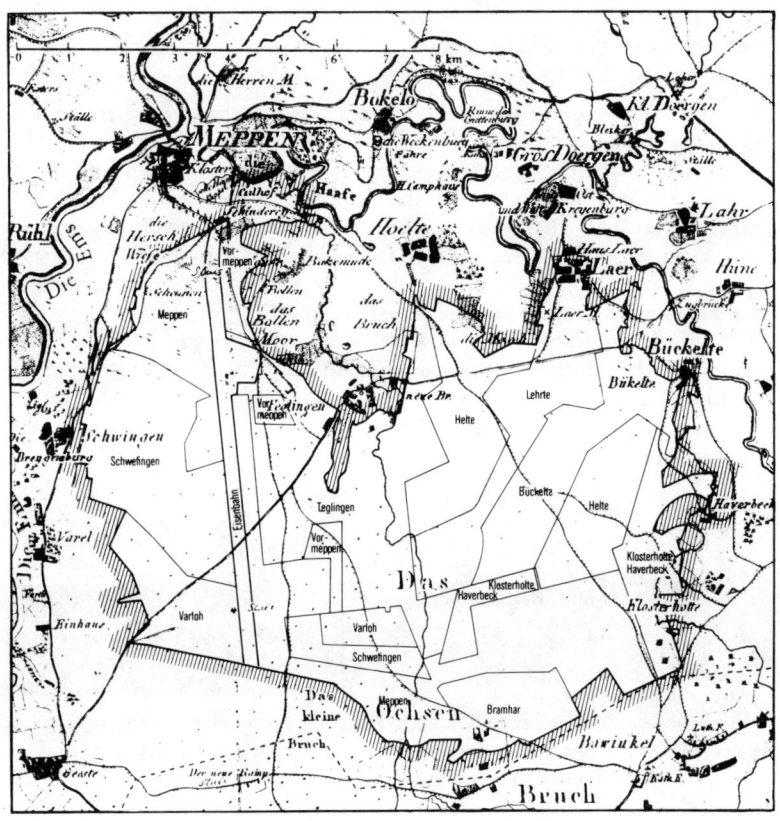

Abb. 7   Generalteilung des nördlichen Ochsenbruchs bei Meppen 1856—1889.
Aufteilung der bisher gemeinsam genutzten Mark auf die umliegenden Gemeinden
und den Landesherrn, Verfahren 1889 abgeschlossen.
Nach: Alois Hilleke 1987 und Nds. Staatsarchiv Osnabrück Rep 450 Mep I Nr. 341
Kartengrundlage: Karte von Nordwestdeutschland 1 : 86 400 von Lecoq (1797—1813),
Sektion V u. VIII. Neuausgabe Nds. Landesverwaltungsamt — Landesvermessung. Hannover 1986.

Erläuterung zu Abb. 7:

Mit dem Bau des Kanals Meppen-Hanekenfähr (1827—1835), einem Vorläufer des Dortmund-Ems-Kanals, der die Gemeinheiten verschiedener Dörfer durchschnitt, wurde eine Gemeinheitsteilung angestrebt, die sich fast 60 Jahre hinzog, ihren entscheidenden Anstoß aber erst durch den Bau der Eisenbahnstrecke Rheine-Emden (Eröffnung 1856) erhielt.

Der nördliche Teil des Ochsenbruchs wurde großflächig von 10 Randdörfern ohne festliegende Grenzen als Schaf- und Rinderweide, als Plaggen-, Holz- und Torfgewinnungsflächen genutzt. Das führte zu schlimmen Verwüstungen und offenen Sandwehen[a]. Nur von den Rändern her hatten sich einige Anbauerstellen in die Gemeinheit vorgeschoben. Die Landesherrschaft Arenberg-Meppen beanspruchte in dem weitläufigen Gebiet nicht, wie das in Ostfriesland und Oldenburg üblich war, den Raum für Siedlungszwecke. So blieb hier lange eine Streitmark erhalten, bis sie auf die 10 angrenzenden Gemeinden aufgeteilt wurde. Die lange Dauer des Verfahrens und der Verlauf der Grenzen, die Enklaven und Exklaven, zeigen noch deutlich an, wie um die besseren Böden oder Nutzungsmöglichkeiten gerungen wurde. Der Graf reservierte für sich die östlichen Gebiete, die nach der Karte Meppen, Helte und Klosterholte zugefallen waren, und ließ — wie in vielen Teilen des Emslandes — die Flächen aufforsten. Hier entstand aus Heide und Moor der große Engelbertwald, der heute zum Forst Clemenswerth gehört. Auch die ehemaligen Dünen- und Heidegebiete östlich der Ems sind nach der Markenteilung mit Kiefern besetzt worden. Die besseren Böden des Gebietes wurden im Rahmen der Emslanderschließung zu Kulturflächen mit neuen Siedlungen.

Die fehlerhaften Orts- und Flurnamen auf der Karte zeigen an, daß selbst im ausgehenden 18. und beginnenden 19. Jahrhundert die Namensschreibung noch nicht feststand. Sie wurde erst mit den genauen Vermessungen im Rahmen der Gemeinheitsteilungen und Verkoppelungen und den folgenden topographischen Landesaufnahmen vereinheitlicht.

a Einen Eindruck davon, wie verwüstet durch die Schafhaltung und Plaggengewinnung die Gemeinheiten waren, bevor sie an Einzelbesitzer aufgeteilt wurden, mag hier ein Bericht des Postmeisters Ulich vom 24. März 1831 aus Leer vermitteln, in dem es über den auf der Karte (Abb. 7) verzeichneten Postweg von Lingen nach Meppen heißt „ . . . *bei Geeste stand die Gegend unter Wasser, und jede Spur eines Weges war verschwunden. Zwischen Geeste und Varel geriet ich in ein Labyrinth von Sandbergen, fuhr Berg auf, Berg ab, und mußte zwischen den Sandbergen mich so gut wie möglich durchwinden. Wenn der Postillion mir nicht die Versicherung gegeben, daß es der rechte Weg sey den auch der Postwagen fahren müßte, würde ich daran gezweifelt haben. In den zwischen den Dünen befindlichen Vertiefungen, stand mitunter das Wasser so hoch, daß ich oft befürchten mußte, es in den Wagen treten zu sehen. Soweit die Feldmark der Dorfschaft Varel sich ausbreitet, kann man den Weg leidlich nennen, diese Strecke ist aber nur kurz und bald geräth man wieder in eine Sandsteppe, ärger als die zuvor durchkreuzte. Eine Menge Spuren führen durch dieselbe, aber an einen ordentlich abgestochenen Weg ist, bis der Damm vor Meppen erreicht ist, nicht zu denken. Ohne Wegweiser oder Compaß schon bei Tage sich durch diese Sandfelder zu finden, muß für jeden, der den Weg nicht kennt, ein wahres Mirakel seyn, wie es aber die Post bey Nacht macht, bleibt mir unbegreiflich . . .* " (Staatsarchiv Osnabrück Rep. 350, Mep. Nr. 1489, nach frdl. Mitt. von Herrn Dr. Pyritz).
Vgl. auch: Ewald Pyritz: Binnendünen und Flugsandebenen im Niedersächsischen Tiefland. Göttingen 1972 = Göttinger Geogr. Abh. H. 61.

ralteilung zunächst festzustellen, welchen Anteil jede Dorfschaft (Gemeinde) an der Gemeinheit hatte, und ihr diesen Anteil zuzuweisen. Dann wurden die Grenzen zwischen den jeweils beteiligten Dörfern bzw. Bauerschaften festgelegt und die an den Staat abzutretenden Flächen ausgehandelt.

Große Schwierigkeiten bereitete es dort, wo mehrere Dörfer gemeinsam eine Gemeinheit nutzten und es keine festen Grenzen gab, so daß es schon immer Streitigkeiten zwischen den verschiedenen Dorfhirten gegeben hatte. Solche *Streitmarken* blieben oft viele Jahre ungeteilt, weil man sich nicht einig werden konnte. Das beigegebene Beispiel des nördlichen Ochsenbruchs bei Meppen mag das belegen (vgl. Abb. 7). Im Falle der Unstimmigkeit gab die Größe der Dorfherden den Ausschlag über die Höhe der Zuteilung.

Nach Festlegung der *Grenzen* mußten von den beteiligten Gemeinden Grenzgräben ausgehoben oder in den Gebieten, in denen der „Graben kein Wasser hielt" ein Grenzwall aufgeworfen werden. Bei der in Abb. 8 dargestellten Gemeinde Albstedt (Landkreis Cuxhaven) waren von den Grenznachbarn ein *„doppelter Wall, 6 Fuß hoch, 4 Fuß breit mit Bepflanzung in der Mitte jeweils zur Hälfte auszuführen"*.[7] Damit erhielten in weiten Gebieten des nördlichen Niedersachsens erstmalig in der Geschichte die Geest- und Moorgemeinden feste Grenzen. Das Durcheinanderlaufen des Viehs und die Streitigkeiten der Hirten, Heidhauer, Plaggenstecher und Torfgräber aus den verschiedenen Dörfern hörten endlich auf.

Die *staatlichen Anteile*, die der Landesherr bei den Gemeinheits- bzw. Markenteilungen für sich beanspruchte, wurden nach unterschiedlichen Kategorien ausgewiesen. In Ostfriesland wurde vor der Teilung zunächst der Bedarf eines jedes Dorfes an Weideland aufgrund der Viehzählung ermittelt. Den Rest behielt der Staat. In den südoldenburgischen und emsländischen Gebieten, die ehemals den Bischöfen von Münster und Osnabrück gehört hatten, beanspruchte der Staat ein Drittel bzw. ein Zehntel der Marken (*tertia* bzw. *decima marcalis*). Im mittleren und nördlichen Oldenburg waren die Zahl der Gemeinheitsberechtigten und deren Höfeklassen ausschlaggebend. Vollbauern hatten Anspruch auf 40 Jück (18 ha), Halbbauern auf 20 Jück, Großkötner auf 10 bzw. die Kleinkötner (Brinksitzer) auf 5 Jück (2,25 ha)[7a]. Den Rest einer jeden Gemeinheit vereinnahmte der Staat.

In Hannover wurde, ähnlich wie in Ostfriesland, der Bedarf der Berechtigten an Weideland nach „Kuheinheiten" ermittelt, wie anschließend noch zu erörtern

---

7 Rezeß, die Specialtheilung und Verkoppelung der Dorfschaft Albstedt, Amts Hagen, betreffend. Mskr. im Archiv des Amtes für Agrarstruktur, Hannover. Signatur Geestemünde 87, S. 9 ff.

7 a Jück = Joch oder Tagewerk, altes bäuerliches Flächenmaß entsprechend dem Ackerstück, das man an einem Tage mit einem Joch (Gespann) Ochsen umpflügen konnte, in Oldenburg = 0,45 ha, in Hannover 0,655 ha.

ist. Auch hier konnte z. B. in den großen Gemeinheiten der Lüneburger Heide der Anteil, den der Staat beanspruchte, auf ein Drittel der Gesamtfläche und mehr anwachsen.

Nach Abschluß der Generalteilung wurden die Gebiete, die dem Staat zugefallen waren, in der Regel aufgeforstet. Ein großer Teil der Landes-, der Bundes- und der Klosterforsten hat hier seinen Ursprung. Nicht selten sind sie durch Zukauf von privaten Heideflächen erweitert worden.

Geeignete Areale wurden auch für Siedlungszwecke reserviert. Darauf sind späte Moor- und Heidekolonien entstanden, deren Häuser weit auseinanderliegen. In den ehemals münsterschen Landesteilen half der Staat den nicht markberechtigten Siedlern durch Zuteilungen aus seinem Markendrittel, wo sie ihre zerstreut liegenden Höfe erbauten und das Land kultivierten. Das war nicht nur eine soziale Geste, denn die den einzelnen Stellen zugewiesenen Flächen wurden nach gewissen Freijahren abgabepflichtig. Sie brachten dem Staat nicht unerhebliche Jahreserträge ein.

Spezialteilungen

Nach der Generalteilung zwischen den Dörfern mit Festlegung der Gemeindegrenzen folgte die *Spezialteilung*, d. h. die Aufteilung der dem Dorf bzw. der Bauernschaft verbliebenen Gemeinheitsfläche an Einzelbesitzer. Über Zweck und Ziel der Teilung sagt die Calenberger Gemeinheitsteilungsordnung von 1824 in § 51: „*Der Hauptgrundsatz bei allen Gemeinheits-Auseinandersetzungen besteht nach ihrem Wesen und Zweck darin, daß den bisher zur Gemeinheit Berechtigten in die Stelle ihrer Berechtigungen an künftig privativ oder ausschließlich eigenthümlichen Grund und Boden so viel ausgemittelt und überwiesen werde, als der bisher rechtmäßig genossenen oder ihnen zuständig gewesenen Berechtigung im Werte möglichst gleich kommt . . .*"[8]

Vorausgegangen waren bei der Generalteilung eine gründliche Bodenbestandsaufnahme und Vermessung der gesamten Wirtschaftsfläche, wobei man sich vereidigter Taxatoren „*aus der Classe rechtlicher und gebildeter Ökonomen*" bediente (§ 42). Gleichzeitig ging es um die Feststellung der Gemeinheitsberechtigung jedes einzelnen Hofes. Nach der zitierten Calenberger Gemeinheitsteilungsordnung mußten sich in einer öffentlichen Versammlung alle melden, die Ansprüche an die Gemeinheit hatten. Wer hier seine Ansprüche nicht nannte, verlor sie (§ 41). Welcher Teilungsmaßstab angewendet wurde, d. h. nach welchem der vier Teilungsmuster verfahren werden sollte, wurde entsprechend den örtlichen Verhältnissen festgelegt (§ 43). Nach diesen Vorarbeiten wurde der Teilungsplan entworfen: „*Dieser muß im Allgemeinen eine genaue, möglichst leicht zu überse-*

---

8 Gemeinheits-Theilungs-Ordnung für die Fürstenthümer Calenberg, Göttingen und Grubenhagen vom 30. 4. 1824. In: Gesetz-Sammlung für das Königreich Hannover. Hannover 1824. S. 111—129.

*hende Darstellung enthalten, wie alle einzelnen Teilnehmer der bisherigen Gemein-
heit durch Zuteilung privativen Eigentums auseinander gesetzt werden sollen; und
muß nicht weniger auch in demselben auf alle bei der Sache vorkommenden Neben-
punkte (z. B.) auf die Anlegung und Unterhaltung der nötigen Wege, Viehtriften,
Tränken, Grenz- und Abwässerungsgräben und dgl. gehörig Rücksicht genommen
werden.* "(§ 44)

Dieser *Teilungsplan* wurde vom Landes-Ökonomie-Kollegium überprüft und,
falls in Ordnung, genehmigt. Es folgte die öffentliche Auslegung des Plans. Außerdem wurde er den Betroffenen erläutert und ihnen die Möglichkeit gegeben,
„Zweifel oder Beschwerden" zu äußern (§ 44, 45). Nach deren Klärung konnte
endlich zur Ausführung der Teilung geschritten werden. Als Abschluß des gesamten Verfahrens wurde ein *Teilungsrezeß* erstellt, in dem alle Teilungs- und
Vermessungsergebnisse für die Situation vor und nach der Teilung niedergelegt
wurden (§ 47).

Wie in § 44 angegeben, wurden vor jedem Gemeinheitsteilungsverfahren vorab
aus der Teilungsmasse Gemeinschaftsflächen für gegenwärtige und zukünftige
Aufgaben herausgenommen, wie z. B. die Wege und Gräben, Lehm-, Ton-, Sand-
und Mergelgruben, Flachsrötekuhlen, Abdeckereigruben (Schinderkuhlen),
Viehtränken, Feuerteiche, aber auch Plätze für Armenhäuser, Schulen und
Friedhöfe.

Es kam vor, daß auch größere *Gemeinschaftsflächen* ungeteilt blieben, z. B. in den
Marschen und Niederungsgebieten. In einigen Gegenden bestehen solche *Ge-
meinschaftswiesen* bis heute fort. Häufiger jedoch sind *ungeteilte Bauernwälder*
(Interessentenforsten), die alte Besitzeinheiten der Reiheleute waren oder als
Teile von Staats- oder anderen herrschaftlichen Forsten als Abfindung für die
Aufhebung von Weide- und Mastberechtigungen an die bisherigen Gemeinheits-
berechtigten fielen.

Die Bauern holzten bei einer Aufteilung solcher Wälder an Einzelbesitzer vielfach ihren Anteil sogleich ab, um Bauholz oder Bargeld, z. B. für die Ablösungen,
zu bekommen. Dadurch blieben lückenhafte, sturmgefährdete Reste zurück.
Deshalb drängten die Ämter, Forstbehörden und auch fortschrittliche Bauern
auf die Erhaltung des Bestandes und der Besitzergemeinschaft.

Die ehemals gemeinheitsberechtigten Reiheleute wurden jetzt als Eigentümer
der verbliebenen Gemeinschaftsflächen zu einer *Realgemeinde* oder (Teilungs)-
Interessentenschaft zusammengeschlossen. Dieses unterscheidet sie grundsätzlich von der politischen Gemeinde, die alle in ihrem Gebiet ansässigen Einwohner umfaßt. Die „kleinen Leute", wie Brinksitzer, Anbauer, Häuslinge (Heuerlinge) und später Zugezogene, die an der Gemeinheit keinen Anteil gehabt hatten, wurden auch keine Mitglieder der Realgemeinde. Häufig bestanden in einer
politischen Gemeinde mehrere Realgemeinden. Die Realgemeinden haben sich
bis zum Erlaß des Nds. Realverbandsgesetzes vom 4. 11. 1969 erhalten und bestehen in veränderter Form noch heute.

Nachdem man nunmehr die nicht für eine Teilung vorgesehenen Flächen ausgesondert hatte, ging es bei den verbliebenen Gemeinheits- bzw. Markengründen um die *Aufteilung* an Einzelbesitzer. Jeder Beteiligte sollte entsprechend seinem Altbesitz unter Beachtung seiner berechtigten Ansprüche gerecht abgefunden werden.

Die Gemeinden konnten unter verschiedenen Teilungsmaßstäben wählen. In Hannover gab es deren vier, wie bereits erwähnt wurde. Zumeist ging man vom Viehbestand aus und rechnete diesen in Kuheinheiten um. Heute würde man Großvieheinheiten sagen.

Eine *Kuheinheit* stand für

— 1 Kuh,
— 2/3 Pferd,
— 8 Schafe,
— 12 Heidschnucken oder
— 8 Schweine.

Hatte man die Größe der dem Dorf verbliebenen Gemeinheitsfläche durch die errechneten Kuheinheiten geteilt, so ergab sich die mittlere Größe einer in diesem Ort bisher üblichen „Kuhweide".

Unter „*Kuhweide*" verstand man die Fläche, auf der eine Kuh dauernd satt werden konnte. Dieses bei den Gemeinheitsteilungen angewendete Flächenmaß hatte keine bestimmte Größe, sondern richtete sich nach der Bodengüte. Auf schlechten Böden umfaßte eine „Kuhweide" ein mehrere Hektar großes Gebiet, auf guten Böden nur eine Fläche von 1 ha.

Bei der Aufteilung der Gemeinheitsflächen erhielten die Berechtigten ihren Anteil, der je nach den wechselnden Bodenverhältnissen aus 1 bis 4 Blöcken oder Streifen bestand, nach dem Maß der „Kuhweiden", sofern bisher genügend Weideflächen vorhanden gewesen waren.

Bei einem starken Überbesatz an Vieh, wie das bei unserem Beispiel Albstedt (Abb. 9) und auch sonst häufiger der Fall war, mußten andere Teilungsmaßstäbe gewählt oder zu Hilfe genommen werden. In Albstedt wurde als ausschlaggebendes Teilungsprinzip die bisherige Steuerveranlagung und damit die Zugehörigkeit zu den alten Höfeklassen gewählt.

Nach den Höfeklassen wurde auch in anderen Gebieten geteilt. In Ostfriesland unterschied man volle bzw. halbe Plätze und Warfstätten (Kötnerstellen). Für Nordoldenburg wurden die Teilungsmaße schon genannt (vgl. o. S. 86). Im Oldenburger Münsterland wurden bei der Markenteilung die Stellen nach ihrer Berechtigung und Erbesqualität als Vollerben, ¾-Erben, Halberben, Drittelerben, Viertelerben, ⅙-Erben usw. abgefunden.

Wenn An-, Abbauern und Häuslingen bzw. Heuerlingen rechtlich auch keine Gemeinheitsnutzungen zustanden, so sind sie doch bei den Teilungen vielfach mit berücksichtigt worden. Im Rezeß des Dorfes Wietzen (Landkreis Nienburg) vom 24. März 1874 heißt es: *„Im Wege der Güte ist jedoch jedem dieser 15 Anbauer ein Anteil von einem hannoverschen Morgen der Wietzer Gemeinheit als Geschenk ohne weitere Kürzung zum Eigentum zugebilligt worden.* "[9] In der Grafschaft Bentheim erhielten die Besitzer von halben Häusern einen Anteil in den Marken, wenn sie sich mit 15 Gulden an den Teilungskosten beteiligten. In Immensen bei Lehrte *„wurden auch Abbauer und Häuslinge, die an sich nicht reiheberechtigt waren, jetzt mit einigen Morgen Land bedacht".*[10] Im Rotenburger Gebiet wurden die nicht gemeinheitsberechtigten Anbauer mit einem Anteil von 1 ½ Kuhweiden abgefunden, die Abbauer und Häuslinge gingen dort jedoch leer aus. Daß wenigstens ein Teil der „kleinen Leute" bei der Aufteilung ein wenig mitbedacht wurde und so Gelegenheit hatte, seine Stellen zu vergrößern, bewahrte diesen Bevölkerungsteil davor, reine Tagelöhner zu werden oder abwandern zu müssen.[11]

Der Landzuwachs aus den Gemeinheitsteilungen, den die Berechtigten erfuhren, war in den Geest- und Moorgebieten beträchtlich. Er betrug oft ein mehrfaches des bisherigen Besitzes. So waren viele Eigentümer geneigt, auch im Hinblick auf die Kosten des Verfahrens und der dabei geführten Prozesse, abgelegene Schläge und Anteile zu verkaufen, sofern die Erbregeln das zuließen. Diese abgelegenen Flächen wurden überwiegend von den „kleinen Leuten" erworben und urbar gemacht. Daraus erwuchsen in den alten Marken und Gemeinheiten, insbesondere im Emsland und Osnabrücker Nordland, neue Wohnplätze, deren Bewohner anfangs in Plaggen- und Strohhütten häufig ein kümmerliches Dasein führen mußten, ehe sie sich ein hinreichendes Auskommen erarbeitet hatten.

Für die *Einfriedigung* der neuen Besitzstreifen auf dem ehemaligen Gemeinheitslande wurde den Beteiligten eine Frist von maximal 3 Jahren eingeräumt. Man zog in den Moor- und Marschgebieten Grenzgräben und warf auf der Geest Wälle auf, die mit Büschen und Bäumen bepflanzt wurden. Nach dem Spezialteilungs- und Verkoppelungsrezeß der Dorfschaft Albstedt z.B. war jeder verpflichtet, auf Anforderung des Nachbarn die Hälfte der Grenze einzufriedigen und zu unterhalten, und zwar auf unkultiviertem Boden durch die Anlage eines 6 Fuß breiten und 3 Fuß tiefen Grabens, *„soweit dieser Wasser halten kann. Im anderen Fall soll ein doppelter Wall verlangt werden können, unten 6, oben 2½ Fuß breit, 3 Fuß hoch mit Bepflanzung in der Mitte. Das Kappen der Bepflanzung soll von 5 zu 5 Jahren verlangt werden können".*[12]Durch diese Verordnung entstand vielfach eine *Wall-*

---

9 Nach H. Meyerholz: Wietzen. Siedlungsgeschichte der alten Hofstellen. Wietzen 1981. S. 20.

10 A. Meyer: Immensen im 19. Jahrhundert. Strukturwandel eines Dorfes. Lehrte-Immensen 1984. S. 20.

11 H. H. Seedorf: Gemeinheitsteilungen — Verkoppelungen und Realgemeinden im Amt Rotenburg. In: Rotenburger Schriften H. 30, 1969, S. 20.

12 Rezeß Albstedt, wie Anm. 7, S. 147.

heckenlandschaft, die in Ostfriesland und Oldenburg noch immer ausgeprägt ist und die wir heute als eine wesentliche Bereicherung der ebenen Gebiete empfinden. Die Wallhecken wurden allerdings nicht, wie in Schleswig-Holstein, auch für die Abgrenzung der Felder gefordert, so daß in Niedersachsen keine Knicklandschaften entstanden sind. Leider sind mit der Mechanisierung der Landwirtschaft und dem Streben nach maschinengerechten Ackerstücken und Grünlandparzellen in den letzten 50 Jahren viele der besitzbegrenzenden Wallhecken verschwunden, obwohl sich der Natur- und Landschaftsschutz um deren Erhaltung bemüht.

Die Aufteilung der Gemeinheiten und Marken machte sich in der Landschaft recht bald nicht nur durch die neu angelegten Wallhecken bemerkbar, sondern auch durch erste Kultivierungen. In den Heidegebieten wurden zahlreiche neue Schafställe gebaut oder aus dem Dorf hinaus an den Rand der Heideflächen verlegt, wo Reste dieser Ställe z. T. heute noch zu finden sind. Lassen wir als Gewährsmann der damaligen Zeit noch einmal den Bremer Johann Georg Kohl zu Wort kommen:„*Die Meente* [Gemeinheit, d. Verf.] *ist in der Neuzeit aufgehoben. Man hat sich zur Vertheilung des Gemeindebesitzes entschlossen, und man hat dadurch den Haidschnucken ihr Todesurtheil unterschrieben... Wie unsere alten Städte ihre mittelalterlichen Mauern und Wälle gesprengt und sich aus ihnen mit blühenden Vorstädten ergossen haben, so haben auch die Haidedörfer angefangen, ihre Verschanzungen gegen den „Wildboden" zu zerstören, mit diesem zu verwachsen und mit vorgeschobenen Saatfeldern und Baumpflanzungen in die ,hohe Haide'... einzudringen. Bei fast jedem Orte sind ,Neubauern' oder Colonien entstanden, und wie die Haiden selbst, so sind auch die Haidschnucken dabei ins Gedränge gerathen.*"[13]

b) Verkoppelungen

Mit der Aufteilung der Gemeinheiten war nur wenig gewonnen, wenn nicht anschließend oder gleichzeitig eine *Neuverteilung und Zusammenlegung der zerrissenen Felder* erfolgte. Vielfach sind beide Verfahren miteinander verbunden worden, wie das auch bei unserem Beispiel Albstedt (Abb. 9) geschehen ist.

Bei der Verkoppelung galt es zunächst einmal, das undurchsichtige Besitzparzellengefüge und das Netz der vielfältigen Berechtigungen und Gewohnheiten zu entwirren, bevor man an eine Neuverteilung denken konnte. Weit sorgfältiger als in den Gemeinheiten mußten hier die *kartographische Bestandsaufnahme* der Besitzverhältnisse sowie die Abgrenzung der Böden nach Güteklasse erfolgen. In Braunschweig wurden die Äcker in 5, die Wiesen in 7 und die Änger sogar in 10 Güteklassen, die bei der Neuverteilung entsprechend berücksichtigt werden mußten, von einheimischen Klassifikatoren und akademisch gebildeten Taxato-

13 J. G. Kohl: Nordwestdeutsche Skizzen. Fahrten zu Wasser und zu Lande in den unteren Gegenden der Weser, Elbe und Ems. 1. Theil. Bremen 1864. S.26 f.

ren eingestuft. Selbst Weidegerechtigkeiten am Ackerland sowie Unterschiede im Düngungszustand und in der Bodenbearbeitung sollten beachtet werden. Die Ergebnisse der Vermessungen und Schätzungen wurden in die Flurkarte der betreffenden Gemeinde und in Verfahrensakten eingetragen.

Nach dieser eingehenden Bestandsaufnahme, die sich oft über Jahre hinzog, wurde ein *neues, geradliniges Wege- und Grabennetz* entworfen und abgesteckt. Jeder sollte seinen Acker direkt erreichen können und nicht mehr auf Wegerechte über Nachbargrundstücke angewiesen sein. Jeder sollte auch die Möglichkeit erhalten, seinen Acker oder seine Wiese bei Bedarf entwässern zu können. Entsprechend mußte das öffentliche Grabennetz ausgebaut werden. Außerdem wurde geprüft, ob die vorhandenen Wasserläufe zur Wiesenbewässerung geeignet seien. Wenn das der Fall war, sah man an den Bächen Wiesenflächen vor.

Bei der *Zuteilung an die einzelnen Besitzer* wurde weitgehend nach folgenden Richtlinien verfahren:
1. Ausweisung möglichst großer und zusammenhängender Flächen,
2. Zuteilung von Grundstücken gleicher Art und Güte wie die abgetretenen,
3. Berücksichtigung der Hofentfernung zu den Grundstücken (die neue sollte nicht größer sein als die frühere),
4. Abfindung kleinerer Anbauer möglichst in der Nähe ihres Anwesens,
5. Beibehaltung bisher bestehender größerer Besitzblöcke.

In den Gebieten mit fruchtbaren Böden und großen Haufendörfern waren schon im Mittelalter, bevor die Teilungsverbote erlassen waren, die Besitzungen in den Feldmarken so zersplittert, daß ein Bauer in der Regel über 50 Teilstücke besaß, die über die ganze Gemeindefläche zerstreut lagen. Bei dem recht kleinen Dorf Mölme (vgl. Abb. 2.) hatte 1835 im Durchschnitt jeder der Reiheleute 60 Ackerparzellen. Im Realerbteilungsgebiet des Eichsfeldes (Abb. 3) waren es noch mehr.

Wieviele zeit- und arbeitsaufwendige innerbetriebliche Wege damals ein Bauer zurücklegen mußte, um diese vielen Äcker zu bestellen und abzuernten, wie oft über das Land der Nachbarn gefahren werden mußte, um die eigenen Felder zu erreichen, läßt sich nur noch schwer vorstellen. Nicht wenige der Felder waren nur 9—10 m breite Streifen, die beidseitig von Nachbarn begrenzt wurden. „*Das führte dazu, daß fast nur zusammengepflügt wurde, um den Boden für sich zu behalten. Es fehlten Wirtschaftswege, und die wenigen Wege waren so schmal, daß sich 2 Wagen nicht begegnen konnten, ohne auf fremde Äcker auszuweichen. Durch den Flurzwang der Dreifelderwirtschaft mangelte es an Wegen, Gräben und Straßen.*"[14]

Zu bedenken ist auch, wie hohe Flächenverluste allein durch die Grenzgräben und Raine eintraten und durch die Vorgewende (Anwende), die an den Kopfenden der Streifenparzellen zum Umwenden des Pfluges unbeackert liegenblieben.

---

14 F. Kurth: Geschichte des Dorfes Obernfeld (Eichsfeld). Duderstadt 1975. S. 257.

Obwohl die genannten Nachteile den Bauern bekannt waren, gab es bei der Verkoppelung große Widerstände. „*Jeder hing an seinem Besitz und wußte wie kein anderer, was er von seinem Land zu halten hatte, wie gut er es in ,Schuß' hatte, abgesehen davon, daß ,richtige' Bauern Land nur sehr ungern tauschen oder sofort kaufen. Aus dieser Sicht heraus ist es auch zu verstehen, daß sich die Verkoppelungsverhandlungen über Jahrzehnte erstreckten, bis sie endlich abgeschlossen wurden.*"[15] Nachdem die letzten Widerstände, häufig durch Abänderung des Teilungsplanes, ausgeräumt waren, wurde die Feldmark nach dem Besitzstand eines jeden auf die einzelnen Höfe verteilt, dabei spielte nicht nur die Größe, sondern auch die Güte, die Bonität des Bodens, eine Rolle.

3. Das Beispiel einer Gemeinheitsteilung und Verkoppelung (1839—1855), dargestellt an der Gemeinde Albstedt (Landkreis Cuxhaven)

Übersicht

Der Ablauf und die Auswirkungen einer kombinierten Gemeinheitsteilung und Verkoppelung sollen hier an einem Beispiel demonstriert werden. Es wurde das Gemeindegebiet von Albstedt, 25 km südöstlich von Bremerhaven gelegen, wegen seiner auf Karten gut darstellbaren Form ausgewählt.[16] Albstedt ist ein typisches Geestdorf mit heute rund 80 Wohnhäusern und etwa 350 Einwohnern. Politisch gehört es seit der Gebietsreform von 1974 zur Gemeinde Wulsbüttel in der Samtgemeinde Hagen. Um 1840, zur Zeit der Gemeinheitsteilung und Verkoppelung, bestand das Dorf aus 26 Häusern mit 155 Bewohnern. Im Durchschnitt lebten 6 Personen in einem Hause.

Wie in anderen Dörfern, so unterschied man auch hier nach *Besitzklassen*. Den Reiheleuten, bestehend aus 4 Voll- und 4 Halbhöfnern, 4 Pflug- und 2 Handkötnern, standen 10 Brinksitzer- und 2 Häuslingsfamilien gegenüber. Die Voll- und Halbhöfner besaßen durchschnittlich 10—12 ha Ackerland, die Brinksitzer dagegen nur 1—½ ha. Die 26 Hausbesitzer waren — und das ist wiederum typisch für die damalige Zeit — 8 verschiedenen Grundherren abgabepflichtig.

15 Volksfestgemeinschaft Groß Bülten: Festschrift anläßlich des 850jährigen Bestehens von Groß Bülten. Groß Bülten (Peine) 1981. S. 52.
16 Die Karten sind erstmalig erschienen in der Kreisbeschreibung Wesermünde. Bremen — Horn 1968. Die schwierige Arbeit der Kartentrennung, der Umzeichnung und zehnfachen Verkleinerung führte Kartograph Theodor Dreimann, Hannover, aus, dem an dieser Stelle herzlich gedankt sei. Die Originalkarte hat die Größe von etwa 1,20 x 1,90 m (Maßstab 1:3200). Sie befindet sich zusammen mit dem Rezeß (170 Seiten) im Archiv des Amtes für Agrarstruktur Hannover, Signatur Geestemünde 87).

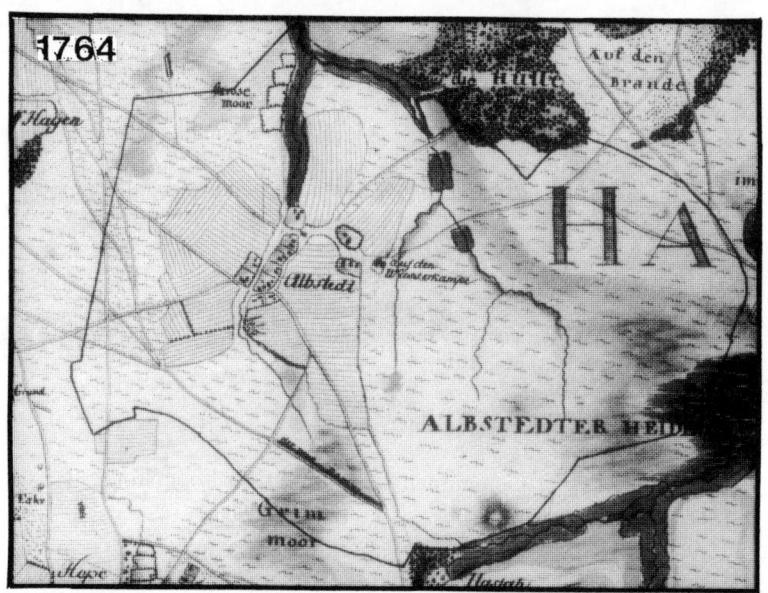

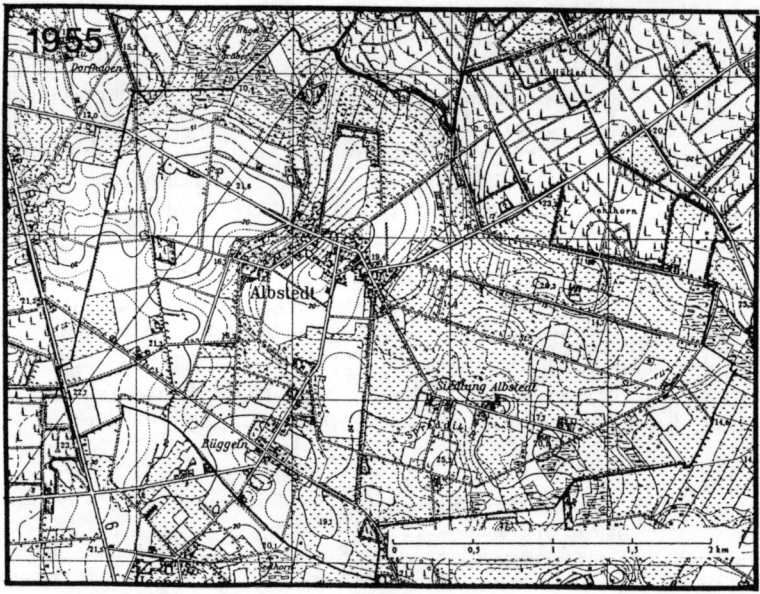

Abb. 8 Wandel des Landschaftsbildes in der Altgemeinde Albstedt bei Bremerhaven
zwischen 1764/66 und 1955
Quellen: Karte der Kurhannoverschen Landesaufnahme des 18. Jahrhunderts,
Blatt 21 Dorfhagen, aufgenommen 1764/66
Topographische Karte 1:25 000, Blatt 2618 Hambergen,
herausgegeben vom Niedersächsischen Landesvermessungsamt 1957
Vervielfältigt mit Erlaubnis des Herausgebers:
Niedersächs. Landesverwaltungsamt — Landesvermessung — B 4 — 733/87.

Dorf, Flur und Gemeinheit

Wie die Verkoppelungskarte von 1855 (Abb. 9) und der Ausschnitt aus der Karte der Kurhannoverschen Landesaufnahme von 1764 (Abb. 8) erkennen lassen, reihten sich die *Althöfe* entlang eines von Süden nach Norden gehenden Bachtales am trockenen Osthang etwa 3 m über der Talaue auf. In der Talaue lagen die für den Wirtschaftsbetrieb so außerordentlich wichtigen Grashöfe (Wischhöfe) (vgl. Abb. 1 u. S. 14 f.). Oberhalb der Hausreihe dehnte sich der *Altacker*, die Brede, aus. Selbst bei der Teilung der Voll- und Halbhöfe, die wahrscheinlich schon im Mittelalter erfolgte, hatte man die günstige Siedlungslage zwischen Ackerland und Grünland nicht aufgegeben und auch die Hofplätze geteilt, wodurch der Raum eng wurde. Nur ein Halbhöfner, ein Pflug- und ein Handkötner waren auf die andere Talseite hinübergewechselt. Lediglich ein Vollhöfner hatte, wahrscheinlich nach einem Brand, den zu eng gewordenen Hausplatz in der Siedlungsreihe verlassen und sich am östlichen Brink angesiedelt, an dem auch 8 Brinksitzerstellen entstanden waren.

An das Dorf schloß sich als innerer Wirtschaftsring die Flur an, bestehend aus Ackerstücken und privaten Wiesen. Da auf der Geest gute und schlechte, trockene und feuchte Böden auf engem Raum wechseln, wurden die guten Böden in Dorfnähe als erste zu Ackerland umgebrochen. Das ist häufig an den Flurnamen und an den Besitzverhältnissen erkennbar; denn an ihnen hatten nur die Althöfe Anteil. Allerdings wurden diese Höfe und damit die Besitzstücke schon im Mittelalter häufiger geteilt, so daß die Altäcker in der Regel vor den Verkoppelungen in kleine und kleinste Besitzparzellen zersplittert waren. Es gab Streifenparzellen von nur 2 Ruten (9,32 m) Breite aber 400 m Länge. Beim Pflügen ließ sich die genaue Grenze nicht einhalten, so daß sie im Laufe der Zeit s-förmig geschwungen war, was immer wieder zu Grenzkonflikten führte.

Mit dem Wachstum des Dorfes waren Rodungen in Wald und Heide nötig geworden (Flurnamen „Rade", „Lerchenkamp", „Kreuzkamp"). Hier hatten auch die zuletzt entstandenen Brinksitzerstellen Besitzanteile. Deren Hausplätze lagen allerdings am Ostrande des Dorfes in weiter Entfernung von diesen Feldern und Wiesen. Etwa 1½ km südlich des Dorfes waren im Zuge der staatlichen Ansiedlungspolitik gegen den Willen der Altbauern zwei Anbauerstellen entstanden, die hier als Brinksitzer aufgeführt sind.

Insgesamt läßt die Karte erkennen, daß das Ackerland und die privaten Wiesen, obwohl sie nur ein Drittel der Gemeindefläche einnahmen, nämlich rund 140 ha, *in über 400 Besitzparzellen zersplittert* waren. Die Durchschnittsparzellengröße betrug lediglich ⅓ ha. (Abb. 9)

Die farbige Karte von Albstedt (Abb. 9) ist als Anlage im Anhang beigefügt.

Das unzureichende Wegenetz, bei dem verschiedene Äcker nur über Nachbar-grundstücke zu erreichen waren, und die Ziehung des Zehnten ließen es nicht zu, daß die Besitzer nach eigenem Ermessen die Felder bestellen und abernten konnten. Es herrschte ein gewisser *Flurzwang*. Die Bauernversammlung und der Zehntherr entschieden, welche Früchte anzubauen waren und wann gesät und geerntet werden konnte.

Die Albstedter *Gemeinheit* bestand aus 450 ha Heideland, 60 ha Moor, 90 ha An-gerweide sowie 25 ha Waldungen und Busch, davon 9 ha Fuhrenkamp. In dieser Gemeinheit, die doppelt so groß wie die Feldmark war, weideten etwa 600 Schafe und 120 Rinder, dazu Pferde, Schweine und Gänse, die von Hirten und Hütejun-gen beaufsichtigt wurden. Mag die Weidefläche auch groß erscheinen, so war sie für den Viehbestand immer noch nicht groß genug. Bei der Berechnung der „Kuhweiden" für die Gemeinheitsteilung stellte sich heraus, daß für die vorhan-denen Tiere $\frac{1}{3}$ der benötigten Futterflächen fehlte; denn die Gemeinheit diente nicht ausschließlich als Viehweide, sondern auch die Heideplaggen und Grasbul-ten als Einstreu für die Viehställe hatte sie zu liefern, so daß große Heideteile im-mer verhauen waren und als Viehweide für längere Zeit ausfielen.

Außerdem waren durch die Ausweisung der *Anbauerstellen* und durch die Anlage von zwei mit Wall und Hecke umfriedeten Ackerkämpen wertvolle Weideflä-chen verlorengegangen. In der Gemeinheit lagen auch *Torfstichmoore*, die in sehr schmale Besitzstreifen aufgeteilt waren.

Die ehemals hier stockenden Wälder waren durch Viehverbiß, Bau- und Brenn-holzgewinnung sowie durch Wald- und Heidebrände weitgehend verschwunden. Auf der Karte von 1764 (Abb. 8) ist im Gemeindegebiet kein Wald mehr vorhan-den. In dieser Zeit war die Waldverwüstung am stärksten. Lediglich im Norden bestand ein Waldgebiet. Es war königlich, deshalb geschützt, und kann als Rest eines alten Bannwaldes an der Grenze zwischen zwei Dörfern angesehen werden. Rund 90 Jahre später, auf der Verkoppelungskarte, findet sich im Westen an der neuen Straße von Bremen nach Bremerhaven ein weiteres Waldstück, der „Tannen- oder Fuhrenkamp", der mit Kiefern aufgeforstet worden war, aber nach der Jahrhundertwende zu Ackerland wurde (Abb. 9 b).

Gemeinheitsteilung und Verkoppelung

Im Jahre 1839, erst 14 Jahre nach dem Erlaß der Gemeinheitsteilungs- und Ver-koppelungsordnung für die Herzogtümer Bremen und Verden, stellte die Ge-meinde Albstedt den Antrag auf Durchführung des Verfahrens. Zunächst galt es, die *Grenzen* mit den benachbarten Dörfern und Einzelhöfen festzulegen. Nach zehn Jahren (1849) hatte man sich endlich geeinigt und gemeinsam einen Grenz-wall aufgeworfen oder einen Grenzgraben gezogen. Damit war die *Generaltei-lung* abgeschlossen. Es folgte die Festlegung des *neuen Wege- und Grabennetzes*, das zu den großen Errungenschaften der Reform gehört. Man vergleiche nur einmal den bisherigen Zustand, als Wege quer über die Äcker führten und nach der Bestellung der Felder bis zur Ernte nicht mehr benutzt werden konnten.

Für die Anlage des festgelegten Wege- und Grabennetzes wurden aus der Teilungsmasse 187 Morgen herausgenommen, ebenso 7½ Morgen für Sandgruben, 9 Morgen für die Armenhütte und ½ Morgen für Viehtränken und Feuerlöschteiche.

Nun folgte die *Spezialteilung* der Gemeinheit. Errechnet wurde die Zuteilung an jeden Berechtigten nach dem vorhandenen Viehbestand, mehr noch nach der bisherigen Steuerveranlagung (Kontribution) und somit nach der Zugehörigkeit zu den alten Höfeklassen. Vollhöfner hatten bisher jährlich 17½ Kontributionsgroten gezahlt. Halbhöfner 16, Pflugkötner etwa 8¾, Handkötner 8, Brinksitzer 3½ bis 6 und Häuslinge ½ Groten. Bei der Aufteilung der Gemeinheit wurden den neuen Besitzern im Durchschnitt für 1 Groten Kontribution 8 Morgen 40 Quadratruten Heideland oder 1 Morgen 45 Quadratruten Angerweide, bzw. nur 6,7 Quadratruten Torfmoor mittlerer Güte zugewiesen. Bei guten Bodenverhältnissen waren die zugeteilten Flächen entsprechend kleiner, bei schlechten Böden größer (1 Morgen = 0,26 ha, 1 Morgen = 120 Quadratruten, 1 Quadratrute = 22 m²).

Die Zuteilung an die einzelnen Hofstellen ist aus der beigefügten Tabelle (Seite 98) ersichtlich. Im Mittel vergrößerten sich

— Vollhöfe von 50 auf etwa 200 Morgen (50 ha),
— Pflugkötnerstellen von 25 auf 100 Morgen,
— Brinksitzerstellen von 6—15 auf 40 bis 60 Morgen.

Selbst Häuslinge, die in vielen anderen Dörfern leer ausgingen, erhielten in Albstedt eine Landzuweisung, die sie davor bewahrte, reine Tagelöhner zu werden oder abzuwandern. Mit der Zuteilung großer Flächen in der Gemeinheit bot sich auch die Möglichkeit, die beengte Dorflage zu verlassen und inmitten der eigenen Felder zu siedeln oder nachgeborene Söhne dort als Anbauer anzusetzen.

Die *Verkoppelung der zerrissenen Felder* erfolgte gleichzeitig mit der Gemeinheitsteilung. Die vorher vorhandenen rund 400 Einzelstücke wurden zu etwa 70 größeren Komplexen zusammengelegt. Doch manche Parzellen blieben klein, weil der Widerstand der Beteiligten zu groß gewesen war. Im Jahre 1855 konnte das Verfahren Albstedt abgeschlossen werden, nachdem die letzten Differenzen durch Schiedsrichter ausgeräumt worden waren. Die Teilung und Verkoppelung hatte 16 Jahre gedauert. Wie gut und berechtigt sie waren, macht der Vergleich der Karten 9 a und 9 b deutlich.

Der Grundbesitz vor und nach der Gemeinheitsteilung und Verkoppelung
(1839—1855) in Albstedt (Landkreis Cuxhaven)
Flächengrößen in Morgen (0,26 ha)

		vor der Gemeinheitsteilung					nach der Gemeinheitsteilung				
Nr.	Besitzer	Acker-land	Anger-weide	Heide	Moor	Summe	Acker-land	Anger-weide	Heide	Moor	Summe
1	Vollhöfner Johann Henje	44,86	—	2,72	0,50	48,08	42,40	25,81	157,60	5,42	231,23
2	Vollhöfner Martin Mehrtens	37,24	—	7,25	0,50	44,99	34,69	28,00	154,58	1,21	218,48
3	Vollhöfner Lüer Tietjen	51,04	—	3,33	0,50	54,87	52,08	21,37	126,14	10,49	210,08
4	Vollhöfner Hinrich Hesemann	24,55	—	3,33	0,50	28,38	24,05	18,35	102,31	1,47	146,18
5	Halbhöfner Martin Oldenbüttel	47,76	—	2,73	0,50	50,99	44,34	26,49	146,20	1,20	218,23
6	Halbhöfner Johann Mehrtens	44,95	0,25	1,82	2,17	49,19	46,38	20,18	168,42	4,59	239,57
7	Halbhöfner Hinrich Toriek	40,91	—	3,60	0,50	45,01	38,73	26,00	132,72	1,35	198,80
8	Halbhöfner Martin Schröder	35,58	—	2,36	0,50	38,44	31,55	26,14	132,17	4,55	194,41
9	Pflugkötner Lüder Mehrtens	28,71	—	2,03	0,25	30,99	28,18	10,15	76,12	0,58	115,03
10	Pflugkötner Hinrich Mehrtens	24,38	—	0,83	0,25	25,46	22,64	11,61	69,71	1,26	105,22
11	Pflugkötner Johann Hinken	22,62	—	1,75	0,25	24,62	21,64	13,83	82,60	0,75	118,82
12	Pflugkötner Jacob Siems	19,48	—	0,99	0,25	20,72	18,00	8,72	65,52	2,09	93,88
13	Handkötner Wilhelm Rechten	15,80	—	1,84	0,25	17,89	15,50	11,41	81,37	10,57	118,85
14	Handkötner Hinrich Oldenbüttel	15,59	—	0,44	0,25	16,28	14,81	9,10	77,64	0,61	102,16
15	Brinksitzer Hinrich Specketer	12,58	0,98	1,33	0,17	15,06	12,07	9,57	102,95	0,88	125,47
16	Brinksitzer Dietrich Heißenbüttel	22,87	1,03	0,53	0,17	24,60	22,00	11,32	48,34	0,51	82,17
17	Brinksitzer Martin Bargmann	13,04	0,27	0,47	0,09	13,87	12,82	9,92	35,63	2,25	60,62
18	Brinksitzer Lüder Hanken	9,13	—	4,38	0,17	13,68	7,91	4,51	40,72	0,54	53,68
19	Brinksitzer Martin Gehrken	11,22	—	1,32	0,17	12,71	10,94	5,03	34,67	0,37	51,01
20	Brinksitzer Albert Baumgarten	10,58	0,04	0,49	0,17	11,28	9,75	5,82	31,16	0,37	47,10
21	Brinksitzer Hinrich Gerdes	7,37	—	0,32	0,17	7,86	7,24	8,34	33,97	0,36	49,91
22	Brinksitzer Hermann Mehrtens	5,24	0,40	0,41	0,17	6,22	5,35	4,94	35,81	0,36	46,46
23	Brinksitzer Martin Köster	4,36	0,01	1,25	0,17	5,79	4,16	5,52	26,77	0,31	36,76
24	Brinksitzer Jürgen Mehrtens	4,12	—	1,09	0,17	5,38	4,27	3,52	27,96	0,37	36,12
25	Brinksitzer Martin Bullwinkel	—	—	1,05	0,25	1,30	—	7,16	31,22	0,55	38,93
26	Häusling Wilken Mehrtens	2,40	—	—	—	2,40	2,43	0,05	3,08	—	5,56
27	Häusling Caspar Hinrich Seedorf	—	0,19	—	—	0,19	0,10	0,26	2,05	—	2,41
28	Häusling Martin Mehrtens	—	—	—	—	0,00	—	—	7,50	—	7,50
29	Auswärtige Besitzer	—	—	—	—	0,00	—	—	22,30	—	22,30
30	Die Schule	—	—	—	—	0,00	0,78	3,68	9,31	0,62	14,39
31	Gemeinschaftliche Grundstücke[1])	0,67	350,40	2175,33	45,38	2571,78	22,24	17,22	156,45	0,79	196,70
	S u m m e (in Morgen)	557,05	353,57	2222,99	54,42	3188,03	557,05	353,57	2222,99	54,42	3188,03

[1]) Nicht berücksichtigt sind der Fuhrenkamp und ein Teil der Moore, insgesamt 311 Morgen, die nicht mit geteilt
wurden und gemeinsames Eigentum der Dorfschaft blieben.

Quelle: Rezeß, die Specialtheilung und Verkoppelung der Dorfschaft Albstedt
Amts Hagen, betreffend. 1855. — Mskr. im Archiv des Amtes für Agrarstruktur Hannover,
Sign. Geestemünde 87.

Die Gemeinheitsteilungen und Verkoppelungen waren die Voraussetzungen für
eine grundlegende Änderung der Wirtschaftsweise und damit der Bodennutzung.
Die Heide — einst nahm sie fast zwei Drittel der Gesamtfläche ein — ist verschwunden. Geblieben sind glücklicherweise noch einige Restmoore. Ausgewei-
tet um fast das Fünffache haben sich vor allem das Grünland und der Wald, während sich die Ackerfläche bis 1965 nicht einmal verdoppelt hatte (Abb. 8).

Bodennutzung in der Gemeinde Albstedt 1855 und 1965 (in ha)

Jahr	Ein-wohner	Gemeinde-fläche	Siedlungs-fläche (Dorf)	Acker-land	Grün-land	Wald-fläche	Unkulti-vierte Heide und Moore
1855	155	910 ha	15	145	92	25	633 ha
1965	350	950 ha	22	246	440	160	82 ha

Quelle: H. H. Seedorf: Der Landkreis Wesermünde. Amtliche Kreisbeschreibung. Bremen—Horn 1968.

Die Fluraufteilung, wie sie vor 130 Jahren in nahezu idealer Weise geschaffen wurde, konnte selbstverständlich nicht erhalten bleiben. Inzwischen haben viele Parzellen ihren Besitzer gewechselt, manche Hofstelle ist aufgelöst, und andere sind besonders in der ersten Hälfte dieses Jahrhunderts neu gegründet worden.

Die Bevölkerungszahl hat sich von 1855 bis zum Jahre 1987 von 155 auf 359 erhöht. Nur noch wenige Bewohner sind in der Landwirtschaft tätig.

4. Karten und Rezesse — Fundgruben für den Historiker

Kernstücke der Überlieferung zu den Reformen sind die Verkoppelungs- und Teilungskarten mit den dazu gehörigen Rezessen (Verträgen). Ehe auf deren Wert hingewiesen wird, seien einige Vorbemerkungen angebracht. Für die Geschichte unserer Dörfer in der Zeit vor 1800, vor allem ab etwa 1550, liegt vergleichsweise reichhaltiges Material vor, wobei in der Regel registerförmige Quellen dem Forscher (und Heimatforscher) am meisten weiterhelfen. Trotzdem bleiben wichtige Bereiche des damaligen Lebens und der Wirtschaft ausgeblendet, einfach weil sie nicht dokumentiert worden sind und z. T. auch nicht dokumentiert werden *konnten*. Zu diesen Bereichen gehört die genaue kartographische Darstellung der Flur. Es liegen aus der Zeit vor 1740 zwar verschiedene Karten vor, die eine Fülle detaillierter Kenntnisse vermitteln und zudem ästhetisch ansprechend sind. Sie enthalten jedoch keine exakte, alle Ländereien erfassende und auf einer genauen Vermessung basierende Aufnahme, aus der ersichtlich ist, wer Eigentümer der vielen Parzellen war.

Landvermessungen, die diesen Ansprüchen genügen, gibt es erst seit der Mitte des 18. Jahrhunderts. Auf die Braunschweigische Landesvermessung von 1746 bis 1784 im Maßstab 1:4000 wurde schon hingewiesen. Das Osnabrücker Gebiet wurde 1784 bis 1790 durch eine Flurvermessung im Maßstab 1:3840 aufgenommen. Ähnliche Flurvermessungen waren schon um 1750 in Schaumburg-Lippe erfolgt. In Kurhannover ließ der Landesherr Zehntkarten anfertigen, um die Abgaben von allen zehntpflichtigen Ländereien gerecht eintreiben zu können.

Jedoch erst im Zusammenhang mit den Reformen im 19. Jahrhundert wurden exakte, die gesamte Flur und die Gemeinheiten umfassende Karten erstellt. Die besondere Bedeutung ergibt sich daraus, daß sie sowohl den genauen Zustand von Feldmark und Dorf vor als auch nach den Reformen angeben. Damit erlauben sie nicht nur einen Überblick zum Reformverlauf selbst, sondern verschaffen auch einen Einblick in das Dorf und in das Flurgefüge für die Zeit davor.

Diese für die Gemeinheitsteilungen und Verkoppelungen von jedem Dorf angefertigten Flurkarten sind größtenteils erhalten geblieben und werden für den hannoverschen Teil im Archiv des Amtes für Agrarstruktur in Hannover, für die anderen Landesteile in den Staatsarchiven bzw. teilweise auch in den Katasterämtern aufbewahrt. Die großmaßstäbigen Karten wurden am häufigsten in den Maßstäben 1:2133⅓ bzw. 1:3200 (100 Ruten auf 9 bzw. 6 Zoll verkleinert), teils auch in 1:2000, 1:3000 und 1:3771 gezeichnet.[17] Sie sind sehr zuverlässig aufgenommen und gezeichnet worden.

Zu jeder Karte wurden ein umfangreicher Rezeß, eine genaue Beschreibung des Verfahrens sowie eine Festlegung der Nutzungsrechte angefertigt. Diese Rezesse sind auch noch in vielen Gemeinden vorhanden. Sie werden dort sorgfältig aufbewahrt und dienen gelegentlich bei Rechtsstreitigkeiten mit zur Klärung des Sachverhalts.

Das Beispiel Albstedt mag verdeutlicht haben, wie viele Informationen die Rezesse bieten, außerdem liefern sie Material, das weit über die Reformen hinausgeht. Sie geben im engeren Sinne eine Art Inventar des Dorfes, der Flur, der Höfe und deren Bewohner und können gar nicht hoch genug eingeschätzt werden, zumal hier genaue Statistiken geführt werden.

Nach gängiger Ansicht war die Flur unserer Dörfer vor den Reformen seit dem hohen Mittelalter keinen sprunghaften Veränderungen mehr unterworfen. Das bedeutet, daß die im 19. Jahrhundert angefertigten Karten einen Zustand wiedergeben, wie er mit kleinen Abweichungen seit etwa dem 17. Jahrhundert bestand (mit der Einführung des Realteilungsverbotes). Bei einer sorgfältigen Fluranalyse mit Auswertung der Flurnamen sowie unter Berücksichtigung der Bodenverhältnisse und unter Heranziehung weiterer Quellen, z. B. von Urkunden, können diese Flurkarten sogar Aufschluß darüber geben, wie sich die Flur der Dörfer seit dem 12. Jahrhundert entwickelt hat.

Für den Heimatforscher, der nicht so weit zurückgehen will (und kann!), bleiben diese Karten und die umfangreichen Rezesse dennoch eine unersetzliche Quelle zu den Verhältnissen im Dorf des 17. und 18. Jahrhunderts. Die Karten haben aber einen Nachteil. Gerade die vielen Informationen, die sie enthalten, verhindern eine leichte Auswertung. Der Benutzer muß vor allem darauf achten, daß

---

17 H. H. Seedorf: Der Wert historisch — topographischer Karten für die Landeskunde in Niedersachsen. In: Neues Archiv für Niedersachsen Bd. 31, 1982, S. 411.

die Zustände vor und nach den Reformen jeweils dargestellt sind. Bei der Einsicht der Originale wirft dies nur geringe Probleme auf, da die Zustände farblich unterschiedlich gekennzeichnet sind. Bei der Benutzung von (Schwarz-Weiß-)Fotografien ist jedoch viel Aufmerksamkeit erforderlich.

Von großem Vorteil ist es, wenn der Heimatforscher, bevor er sich an die komplizierten Verkoppelungskarten seines Untersuchungsgebietes begibt, zunächst auf den zeitgenössischen topographischen Karten einen Überblick über das damalige Landschaftsbild gewinnt. Sehr gut geeignet sind dafür die in den letzten Jahrzehnten als Drucke erschienenen Karten:

1. Kurhannoversche Landesaufnahme des 18. Jahrhunderts (1764—1786), 1:25000,
2. Karte des Landes Braunschweig im 18. Jahrhundert (1746—1784), 1:25000,
3. Oldenburgische Vogteikarte um 1790, 1:25000,
4. Die Landesvermessung des Fürstbistums Osnabrück 1784—1790,
5. Lecoqsche Karte von Nordwestdeutschland (1797—1813), 1:86400,
6. Gaußsche Landesaufnahme der 1815 durch Hannover erworbenen Gebiete (1827—1860), 1:25000,
7. Topographischer Atlas des Königreichs Hannover und Herzogthums Braunschweig 1:100000 von A.Papen — Hannover 1832—1847.[18]

Literatur:

Zusätzlich zu den in den Anmerkungen verzeichneten Titel sei verwiesen auf:

MITTELHÄUSSSER, K.: Die ländlichen und städtischen Siedlungen. In: H. Patze, Hrg.: Geschichte Niedersachsens. Bd. 1. Grundlagen und frühes Mittelalter. Hildesheim 1977, S.259—437.

100 Jahre Verkoppelungen in Oldenburg. Hrg. Kulturamt Oldenburg. Oldenburg 1958.

Die genannten Gesetze des Königreichs Hannover finden sich bei G. A. Grotefend: Die Gesetze und Verordnungen für die Provinz Hannover aus der Hannoverschen und Preußischen Zeit. Düsseldorf 1879.

18 Die Karten sind, mit Ausnahme der Oldenburgischen Vogteikarte, der Osnabrücker Landesvermessung und dem Papen-Atlas, über das Niedersächsische Landesverwaltungsamt — Landesvermessung -, Warmbüchenkamp 2, 3000 Hannover 1, zu beziehen.
Für Osnabrück G. Wrede, Hrsg.: Johann Wilhelm Du Plat. Die Landesvermessung des Fürstbistums Osnabrück 1784—1790. Reproduktion der Reinkarte im Maßstab 1:10000 mit Erläuterungstext. Osnabrücker Geschichtsquellen VI. Lfg. 1ff., 1955ff.
Kartenbeispiele mit Erläuterungen finden sich in H. H. Seedorf: Topographischer Atlas Niedersachsen und Bremen. Neumünster 1977 und H. Leerhoff: Niedersachsen in alten Karten. Neumünster 1985. Große Übersichtskarten des Landschaftszustandes und der Bodennutzung um 1800 sind im Deutschen Planungsatlas II, Niedersachsen und Bremen, Hannover 1961, Karte 10 und in A. Eckhardt u. H. Schmidt, Hrsg.: Geschichte des Landes Oldenburg. Oldenburg 1987, Karte 1, veröffentlicht.

L) Wirtschaftliche und soziale Folgen der Agrarreformen

1. Wirtschaftliche Veränderungen

Es waren vor allem wirtschaftliche Motive, die zu der von der Obrigkeit verfügten Bauernbefreiung geführt hatten. Der Bauer sollte frei über seinen Besitz und über seine Wirtschaftsweise verfügen, um höhere Erträge erzielen zu können. Eine bessere Nutzung des vorhandenen Landes für die Viehwirtschaft und für den Ackerbau galt gleichfalls der Ertragssteigerung. Sie trat auch schon bald nach der Verkoppelung durch den Fortfall der vielen Grenzfurchen und Raine und durch die besseren Bearbeitungsmöglichkeiten ein, noch bevor landwirtschaftliche Maschinen und Mineraldünger zum Einsatz kamen.

Der mit der Verkoppelung bestens vertraute Rotenburger „Localkommissar" Köring schätzte den sofortigen Produktivitätsgewinn auf 10%.[1] Nicht nur die Ackererträge wurden um diesen Betrag erhöht, sondern auch die Viehzahlen und damit die Fleischproduktion nahmen merklich zu. Zwischen 1817 und 1873 verringerte sich im Königreich Hannover lediglich die Zahl der Pferde (Dienstablösungen, Eisenbahnen). Beim Hornvieh ergab sich ein Anstieg um 39%, bei den Schafen um 18% und bei den Schweinen um 154%, womit deutlich wird, daß jetzt die städtischen Verbraucher als Abnehmer tierischer Produkte die Viehhaltung beeinflußten.[2] Aber nicht allein die Vermehrung des Viehstapels ist feststellbar, sondern auch eine Ertragssteigerung je Tier. Lag 1821 der Milchertrag pro Kuh in Niedersachsen noch bei 900 kg/Jahr, so hatte er 1873 1400 kg erreicht (heute liegt er bei 5000 kg). Ähnliches galt auch für die Entwicklung der Fleischproduktion.[3]

Jetzt konnte man auch die späträumenden Hackfrüchte, wie Kartoffeln und Rüben, sowie Futterkohl mit in die Fruchtfolge hineinnehmen, weil die Felder und Brachflächen nach der Ernte nicht mehr von den Dorfherden abgeweidet wurden. Jeder konnte nach eigenem Ermessen die Fruchtfolge bestimmen.

Bevor der Mineraldünger sich durchsetzte, hatte man auf der Suche nach neuen Düngerquellen die Sommerstallfütterung und die Mergelung der Felder eingeführt. Verstürzte Mergelgruben und darauf hinweisende Flurnamen sind heute noch Zeugen dieser Zeit. Die Gründüngung durch das Unterpflügen von Lupine, Buchweizen oder Spörgel wurde gleichfalls eingeführt, was vorher infolge des Flurzwanges nicht möglich gewesen war.

1 R. Hesse: Die Entwicklung der agrarrechtlichen Verhältnisse im Stifte, dem späteren Herzogtum Verden. Jena 1900. S. 232 f.
2 S. Wrase: Die Anfänge der Verkoppelungen im Gebiet des ehemaligen Königreichs Hannover. Hildesheim 1973. S. 97 f.
3 H. H. Wächter: Die Landwirtschaft Niedersachsens vom Beginn des 19. bis zur Mitte des 20. Jahrhundert. Bremen-Horn 1959.

Erhebliche Ertragssteigerungen konnten jedoch erst erreicht werden, als kurz vor 1900 die mineralischen Düngemittel ihren Siegeszug antraten. Weil gerade bei den Hackfrüchten der Kunstdünger die günstigsten Wirkungen zeigte, konnte man die einst notwendige Brache zugunsten der Kartoffeln und Rüben ganz abschaffen. Dadurch war bei der Dreifelderwirtschaft ein Drittel mehr bestellte Ackerfläche gewonnen. Im Lößbördegebiet hielt die Zuckerrübe ihren Einzug und brachte hohe Gewinne ein. Viele aufwendig gebaute Bauernhäuser, die sog. „Rübenburgen", sind Kennzeichen der Gründerzeit in diesem Gebiet. Dazu kam um die Jahrhundertmitte eine Weizenkonjunktur, so daß nach den Gemeinheitsteilungen und Verkoppelungen im Lößbördegebiet die letzten Wälder, Gebüsche und Baumreihen gerodet wurden, um noch mehr Ackerland zu gewinnen.

Während in den Lößgebieten die Wälder gerodet wurden, nahmen sie auf den ehemaligen Heideflächen stark zu. Nicht nur, daß die dem Staat zugefallenen Gemeinheitsflächen und Markenteile aufgeforstet wurden, sondern auch die Bauern pflanzten Kiefern und andere Bäume auf den bisher als Schafweiden genutzten Flächen. Infolge der einsetzenden Konkurrenz von Baumwolle und Schafwolle aus Übersee fielen die Wollpreise rapide, insbesondere die Preise für die minderwertige Schnuckenwolle. Die Schafhaltung lohnte sich nicht mehr. Hand in Hand mit dem Rückgang der Schafhaltung erfolgte die Kultivierung oder Aufforstung der weitgehend nutzlos gewordenen Heideflächen, da mit dem Wachsen der Städte, mit dem Ausbau der Eisenbahnen, der Häfen und Straßen die Holzpreise stiegen und viele junge Kiefern als Grubenholz in den Kohle- und Eisenerzbergwerken benötigt wurden. Auch die Plaggenwirtschaft ging allmählich zurück, weil nach Neuverteilung der Felder und Ausweitung der Wiesenflächen mehr Futter und damit Stroh als Einstreu für die Ställe verfügbar war.

Bis zur Jahrhundertwende wurden durch Kultivierung ehemaliger Gemeinheitsflächen vor allem neue Wiesen und Weiden angelegt, denn ab 1860 stiegen infolge Anwachsens der städtischen Bevölkerung die Viehpreise. Ab 1880 fielen durch einsetzende Überseeimporte dagegen die Getreidepreise. Deshalb wurde nach den Gemeinheitsteilungen überall versucht, an den vielen kleinen Flüssen und Bächen die bestehenden Wiesen auszudehnen und durch Wiesenbewässerung zu höheren Heuerträgen zu kommen. So wurden die letzten noch bestehenden Erlenbruchwälder und Erlengebüsche abgeholzt.

Die *Kultivierungs- und Aufforstungsarbeiten* ließen die Hofbesitzer vorwiegend von Landarbeitern, Häuslingen und Anbauern durchführen, die jetzt endlich Möglichkeiten fanden, auch in ihrem Dorf etwas zu verdienen und durch Kauf oder Pacht Land zu erwerben, um eine eigene Wirtschaft aufzubauen. Auch die nachgeborenen Söhne der Bauern konnten jetzt mit etwas Land abgefunden werden. Sie, wie auch die anderen Anbauer, siedelten sich häufig am Rande der ehemaligen Gemeinheiten, am Rande der Heide an. Somit entstanden neue Wohnplätze, die im Laufe der Zeit noch mehr Siedler anzogen. Nicht selten haben auch

Bauern nach Hofbränden das Dorf verlassen, um auf ihren neu zugeteilten Feldern den Neubau zu errichten. Durch diese Neusiedlungen und durch die steigenden Erwerbsmöglichkeiten im Dorf wurde der Auswandererstrom nach Übersee, der um 1860 seinen Höhepunkte erreicht hatte, eingedämmt und der Hollandgang ganz eingestellt.

Die Umstellung der Fruchtfolgen auf der Geest, die Abkehr vom „ewigen" Roggenbau und die Hinwendung zu den Hackfrüchten, besonders zur Kartoffel, brachte eine starke Zunahme der Schweinehaltung. Ja, es entstanden große Schweinemästereien, die noch Importgetreide kauften. Die Kühe konnten nunmehr auch im Winter durch die Rüben mit bisher unbekanntem Saftfutter versorgt werden, so daß sie in dieser Jahreszeit ebenfalls Milch lieferten und gehaltvolleren Dünger gaben.

Die günstigen Absatzmöglichkeiten für landwirtschaftliche Erzeugnisse, für Getreide, Vieh, Milch, Eier, Zucker, Obst und Gemüse in den rapide wachsenden Städten und Industriegebieten brachten eine weitgehende Abkehr von der reinen Eigenversorgung der Landwirte, eine Hinwendung zur Marktwirtschaft und damit zur Geldwirtschaft. Das Geld der Bauern kam dem Dorf zugute. Es entstanden Landhandelsunternehmen, Kleinhandelsgeschäfte, Handwerksbetriebe und neue Dienstleistungsberufe insbesondere mit dem Bau der Eisenbahnen und Straßen. Die alten, häufig noch strohgedeckten Fachwerkhäuser traten immer mehr zurück gegenüber den Ziegelbauten oder den großen, mit Dachpappe gedeckten Dreschscheunen, die zur Bergung der größeren Ernten errichtet wurden. Damit nahm mancher Bauer Abschied von althergebrachten Sitten und Denkweisen und orientierte sich an städtischen Lebens- und Hausformen. Wer es sich leisten konnte, scheute bei seinem Neubau nicht davor zurück, einen repräsentativen Treppenaufgang mit Terrazzostufen und Säulen vor die Haustür zu setzen.

Die Gründerzeit war aber auch die Zeit der wirtschaftlichen Zusammenbrüche. Viele Höfe gingen in Konkurs. Sie waren nicht mehr durch das Meierrecht geschützt, die leichte Möglichkeit Geld zu leihen, die scheinbar so günstigen wirtschaftlichen Bedingungen verführten manchen zu riskanten finanziellen Abenteuern. Wenn die Höfe nicht in die Höferolle eingetragen waren, wurden sie auf Auktionen in viele Stücke zerschlagen. Es entstanden neue Anbauerstellen, häufig gekoppelt mit einem Handwerk.

So wurde in der Zeit, die mit der Bauernbefreiung begann, das Gesicht der Dörfer zumeist grundlegend verändert.

2. Soziale Folgen

„Es kann hier keine Familie ohne Kuh seyn Auskommen ordentlich finden, aber da ist keine ins Graß zu bekommen oder man muß sie ganz mit Geld aufwiegen und 12—17 Gr. Grasegeld zu bezahlen, als dan kommt das Futter, welches nach [?] aber

so teuer ist, den wenn der Herrschaftliche groden verpachtet wird, so müssen die Bauern ihn haben und wiegen es so mit Geld und daß wir nicht bezahlen können, wenn sie auch 100 jucken Landen und darüber haben, so ist es unmöchlich, eine Kuh zu halten, und so ist es mit allen, was nahme hat. die großen Bauern solten sich, wie man hört, bey unsern Gnädigen Fürsten und Herrn beschwärt haben, daß sie zu viele lasten und beschwärden haben, aber nach unser dafür halten ist es nicht so, den da fahren sie in großekorbwagens, kleiden sich mit Sanft und Seide, behangen sich mit Gold und Silber, so daß eine Bauerfrau kaum von einer Fürstin abzukennen ist, indeß wir nicht wissen, wo wir ein hemdt hernehmen sollen."[4]

„Eine schleunige Bewaffnung der Grundbesitzer in den Dörfern ist dringendes Bedürfnis, es ist Bedürfnis für die einzelnen Gemeinden, es ist Bedürfnis für den Staat. Das Proletariat, die Masse der Besitzlosen, für welche leider bislang viel zu wenig geschehen und welche durch frühere unbedeutende Begünstigungen z. B. durch Verpachtung von Land, wo dies tunlich war, hätte zufriedengestellt werden können, fängt an, Besorgnis zu erwecken. Schon ziehen im Süden Deutschlands Horden von Proletariern durch das Land und bezeichnen ihre Bahn durch Sengen und Brennen, durch Zerstörung jeglicher Art: auch im Norden regt es sich schon, und leider können wir, mit den Verhältnissen in den Gemeinden genau bekannt, die Besorgnis nicht unterdrücken, daß die durch die letzten Notjahre fast zu Verzweiflung gekommenen Besitzlosen auch in unserem Lande sich zusammenscharen und großes Unglück über uns bringen werden, wenn sie nicht eine allgemeine Landbewaffnung davon abschreckt."[5]

Zwei Stimmungsberichte aus dem Frühjahr 1848 stehen sich hier gegenüber. Der eine, unbeholfen, ja schwer verständlich formuliert, stammt aus dem Herzogtum Oldenburg, der andere, präzise darstellend, aus dem Herzogtum Braunschweig. Trotz der räumlichen Entfernung stehen beide Zeugnisse nicht nur in einem engen zeitlichen, sondern auch inhaltlichen Zusammenhang. Auf der einen Seite finden sich die ärmlich lebenden, auf eine Kuh angewiesenen Landarbeiter, auf der anderen Seite meist gutsituierte, manchmal sogar als wohlhabend zu bezeichnende Bauern, die Angst vor Aufruhr und sozialem Unfrieden haben.

Beide Gruppen schienen im Frühjahr 1848 überall in Niedersachsen einander unversöhnlich gegenüberzustehen. Jetzt, ermuntert durch die Ereignisse erst in Frankreich, dann in Südwestdeutschland, wurden aufgestauter Ärger und Enttäuschung von den Landarmen, den Häuslingen oder den Heuerlingen und Anbauern zu Papier gebracht. Manchmal wurden die Fäuste zu Hilfe genommen

---

4 Auszug aus der Eingabe des Arbeiters Hermann Decker aus dem Kirchspiel Blexen vom 27. März 1848. Zit. nach H. Bollnow: Politische und soziale Bewegungen in Oldenburg 1848. NdsJbLdsGesch 36/1964. S. 158—171. Hier S. 170f.
5 Eingabe vom 28. März 1848, eingereicht von den Ortsvorstehern von 34 Dörfern aus der Umgebung Braunschweigs. Zit. nach G. Schildt: Tagelöhner, Gesellen, Arbeiter. Sozialgeschichte der vorindustriellen und industriellen Arbeiter in Braunschweig 1830—1880. Stuttgart 1986. S. 111.

gegen unbeliebte Beamte oder vermeintlich zu reiche Bauern. Wie weit ging aber tatsächlich die Notlage der Landarmen? Standen sich Bauern und Häuslinge wirklich unversöhnlich gegenüber? Was hatten die Agrarreformen damit zu tun? Die Ablösungen waren für die „kleinen Leute", die über kein Land verfügten, ohne Bedeutung. In Abhängigkeit von den Grundherren lebten nur die Bauern. Deren Lage hatte sich durch die Ablösungen verbessert, sofern 1848 für sie schon ein Ablösungsgesetz existierte und die Ablösungsbedingungen günstig waren.

Direkte Auswirkungen auf die Situation der Landarmen und Landlosen hatten aber Verkoppelungen und Gemeinheitsteilungen. Die Durchführung dieser Reformen war 1848 schon verhältnismäßig weit fortgeschritten, wenn auch noch nicht abgeschlossen. In vielen Fällen waren die Kleinstelleninhaber nicht oder nur ungenügend bei den Teilungen berücksichtigt worden, während die nichthausbesitzende Bevölkerung häufig leer ausging. Für diese auf die Weidefläche für eine Kuh, auf Heide- und Grasplaggen aus der Gemeinheit und auf Leseholz aus den Wäldern angewiesenen Bevölkerungsgruppen mußte das ein schwerer Schlag sein.

Da wirkte der von größeren Bauern zur Schau getragene Luxus und seine Unnachgiebigkeit, wenn es um die Existenz der kleinen Leute ging, noch herausfordernder, wie die beiden Zitate verdeutlichen. Die Bauern beriefen sich in vielen Fällen auf ihr Recht und ließen den Landarmen keine Anteile an den aufzuteilenden Marken und Gemeinheiten. So hieß es 1852 in der amtlichen Statistik des Königreichs Hannover: *„Zu beklagen ist es, daß die regierungsseitig in neuerer Zeit durch die Teilungsbehörden gemachten Versuche, die Gemeinden im Wege der Güte zur Ausweisung einer Koppel zur Benutzung bedürftiger Häuslingsfamilien zu bewegen, fast ohne allen Erfolg geblieben sind ... Der Hauptgrund ist jene scharf entwickelte Aristokratie unter dem Bauernstande, welche fürchtet, daß der Häusling dem Hofbesitzer in der Gemeinde über den Kopf wachse; welche Furcht durch die Übergriffe der letzten Jahre, durch die Anmaßung mancher durch kommunistische Ideen schwindelnd gemachten Häuslinge gesteigert worden ist. Wie in den meisten Gemeinden die eigentlichen Ackerleute den Kötnern, so stehen beide vereint den Häuslingen und Anbauern schroff gegenüber."*[6]

Schon unter den Zeitgenossen war die Frage umstritten, ob diese Verschlechterung der Lebenssituation auf Dauer anhalten würde.[6a] Während etwa Carl Bertram Stüve die Nachteile der Gemeinheitsteilungen für Häuslinge und Heuerlinge hervorhob, sah D. H. L. Bening, Beamter der damaligen Landeskulturverwaltung, in den wirtschaftlichen Reformen auf Dauer Vorteile für die landarme unterbäuerliche Bevölkerung. Bening war überzeugt, daß durch die Gemeinheits-

---

6   Verhältnisse der Häuslinge, An- und Abbauer etc. In: Zur Statistik des Königreichs Hannover. 2. Heft, 2. Abt. Hannover 1852. S. 4.

6a R. Golkowsky: Die Gemeinheitsteilungen im nordwestdeutschen Raum vor dem Erlaß der ersten Gemeinheitsteilungsordnungen. Hildesheim 1966. S. 82 f.

teilungen und Verkoppelungen der Arbeitsbedarf in der Landwirtschaft so weit zunehmen würde, daß dadurch eventuelle Verluste wieder ausgeglichen werden könnten.

Einhundert Jahre später stehen wir noch immer der Schwierigkeit gegenüber, nicht genau bestimmten zu können, inwieweit Verkoppelungen und Gemeinheitsteilungen zu einer Verschlechterung der Lebensverhältnisse bei der landarmen Bevölkerung geführt haben. Statt einer in sich schlüssigen Argumentation oder gar einer einfachen Antwort sollen einige Anhaltspunkte genannt werden.[7]

Zunächst muß bedacht werden, daß sich die Lebenssituation der Landarmen schon vor den Reformen erheblich verschlechtert hatte. Während die Regierungen des 18. Jahrhunderts bemüht waren, immer mehr Menschen in ihren Staaten anzusiedeln, wirkten sich nach 1800 die Nachteile dieser Politik spürbar aus. Sie sind in den vorhergehenden Kapiteln ausführlich behandelt worden. Schon in den 20er Jahren begannen deshalb verstärkt staatliche Versuche, den Zuzug von Häuslingen in den Gemeinden zu bremsen. Dies lag auch im Interesse der Gemeinden, denn die vielen Armen im Dorf belasteten die Armenkassen zusehends.

Trotzdem setzte sich der Bevölkerungsanstieg fort bei einer gleichzeitig verschlechterten wirtschaftlichen Situation. In dieser Lage half meist nur noch die Auswanderung, etwa bei den kinderreichen osnabrückischen und emsländischen Heuerleuten. Durch die Markenteilungen hatten sie den bisher geduldeten Vieheintrieb in die gemeine Mark verloren. Nun folgte auch noch der Niedergang der häuslichen Leinen- und Tuchweberei. Mit der Einführung des mechanischen Webstuhls und dem Aufkommen von billiger Baumwolle und hochwertiger Wolle aus Übersee hörten die Weberei, das Strümpfestricken und Spinnen als Nebenerwerb auf. Die Aussichtslosigkeit, hinreichend Arbeit zu finden oder zu Landeigentum zu kommen, trieb viele Heuerleute zur Auswanderung nach Amerika. Aus dem Amt Damme in Südoldenburg z. B. wanderte von 1830 bis 1849 jeder dritte Einwohner aus. Insgesamt zogen von 1830 bis 1880 rund 9800 Personen aus diesem Amt nach Amerika — so viele, wie das Amt 1830 insgesamt besessen hatte.[8]

Ähnliche Verhältnisse lagen auch in anderen Gebieten vor, wie im osnabrückischen Amt Bersenbrück, das zwischen 1833 und 1847 rund 5000 Menschen, fast 20 % der Gesamtbevölkerung, durch Auswanderung nach Amerika verlor. Die verbliebene Bevölkerung, insbesondere die Heuerleute, fanden dadurch ein besseres Auskommen, wie der Geschäftsbericht des Amtes Bersenbrück von 1860

---

7 Vgl. hierzu Schildt, wie Anm. 5, sowie den in den Literaturhinweisen genannten Titel von Schlumbohm.

8 F. Hellbernd u. H. Möller: Oldenburg, ein heimatkundliches Nachschlagewerk. Vechta 1965. S. 44. E. Hinrichs u. Ch. Reinders: Bevölkerungsgeschichte. In: A. Eckhardt u. H. Schmidt Hrg.: Geschichte des Landes Oldenburg. Oldenburg 1987. S. 689 ff.

belegt:*„Die Lage der Häuslinge* [=Heuerlinge, d. Verf.] *im Amte bessert sich im Allgemeinen von Jahr zu Jahr, vorzüglicherweise deshalb, weil sehr viele derselben nach Amerika auswandern, ihre Zahl sich also vermindert und es den Zurückbleibenden an Verdienst nicht fehlet, deshalb sind sie jetzt nicht mehr wie früher gezwungen, durch anstrengende Arbeit im Auslande ihren Unterhalt zu sichern... Der Verdienst, den sie durch Arbeit im Auslande als Torfbagger, Meher etc. erzielen, ist aber noch etwa bei der Hälfte der Heuerlinge im Amt der Haupterwerb. Von Jahr zu Jahr nimmt aber diese Erwerbsquelle ab, ... weil die Heuerlinge jetzt hier in der Gegend auch guten Tagelohn bei gesunder Arbeit verdienen können.* "[9]

Extrem schlecht war auch die Situation im Realerbteilungsgebiet des Eichsfeldes, wo die Masse der arbeitsfähigen Männer durch Wanderarbeit und die Familien durch Heimarbeit das Notdürftigste zu verdienen suchten.

Die schon zitierte Statistik über die „Verhältnisse der Häuslinge, An- und Abbauer" im Königreich Hannover von 1852 hebt jedoch große regionale Unterschiede hervor. Für die dünnbesiedelten Gebiete der Landdrosteien (Regierungsbezirke) Hannover und Lüneburg wird eine gute bis ausreichende wirtschaftliche Situation dieser Bevölkerungsgruppen erwähnt. Über die Landdrostei Lüneburg heißt es:*„Besonders deshalb erscheint die Lage der Häuslinge im Lüneburgischen so befriedigend, weil in diesem dünnbevölkertem Landesteile fast überall die Zahl der Landarbeiter zur grundbesitzenden Klasse und zu den vorhandenen natürlichen Erwerbsmitteln in richtigem Verhältnis steht.* "[10]

In der Landdrostei Osnabrück, wo die Heuerleute bislang kaum bei den Markenteilungen berücksichtigt worden waren, versuchte man nach 1848 durch Gesetzesänderungen, sie verstärkt daran zu beteiligen.

Für das Gebiet der Landdrostei Hannover wurden sogar die Vorteile aufgezählt, die den Häuslingen und anderen durch Gemeinheitsteilungen und Verkoppelungen erwuchsen. Dies war vor allem der erhöhte Arbeitsbedarf infolge der durch die Reformen eingeleiteten Kultivierungsarbeiten. So schufen die Agrarreformen sogar neue Beschäftigungsmöglichkeiten, ja, sie wurden als *„reiche Quelle neuerer Arbeitsgelegenheiten und neuen Verdienstes"* bezeichnet.[11]

Ein ähnliches Bild zeigt sich auch bei dem von Heuerlingen und Häuslingen so dringend benötigtem Pachtland. Es gibt einige Anhaltspunkte dafür, daß es ihnen ab 1850 gelang, genügend Land zu pachten, falls sie die finanziellen Mittel dazu besaßen. Die Ablösungen verbesserten auch die Chance, nun von den Bauern Land zu kaufen. Viele Häuslinge versuchten, nicht zuletzt wegen sehr beengter Wohnverhältnisse, eigenen Grundbesitz zu erwerben und zu bauen, was ihnen

---

9   Zit. nach F. Bölsker-Schlicht: Die Hollandgängerei in den Kirchspielen des Artlandes vom 17. bis zum 19. Jahrhundert. In: H.-R. Jarck, Hrg.: Quakenbrück. Von der Grenzfestung zum Gewerbezentrum. Quakenbrück 1985. S. 382f.
10   Wie Anm. 6, S. 26.
11   Ebd., S. 4.

vorher meist verwehrt war. Nicht wenige verschuldeten sich dabei hoch. Aber die Tatsache, daß um 1850 in verschiedenen Gebieten Niedersachsens eine rege Bautätigkeit einsetzte, macht deutlich, daß es nicht überall an Einkommensmöglichkeiten gefehlt haben kann.

Schon um 1860 war der Anteil der in der Landwirtschaft tätigen Bevölkerung deutlich gesunken, wie ein Blick auf das Umland von Hannover (heutiger Landkreis Hannover) zeigt.[12] Wenn auch in den nördlich von Hannover gelegenen Ämtern Burgwedel und Neustadt die Arbeit in der Landwirtschaft noch vorherrschend war, so blieb in den Ämtern Burgdorf, Hannover und Calenberg nur noch die Hälfte der Bevölkerung auf das Einkommen aus der Landwirtschaft angewiesen. In den südlichen Ämtern Wennigsen und Springe betrug der Anteil der landwirtschaftlich Beschäftigten nur noch etwa 40 %. Er lag damit nicht höher als der Anteil im produzierenden Gewerbe. Eine Ausnahmestellung nahm das Amt Linden mit seinen Fabriken ein, wo das produzierende Gewerbe mit 58 % der Beschäftigten die Landwirtschaft (22 %) weit überholt hatte.

In diesen Zahlen deutet sich der inzwischen eingetretene Wandel an, nämlich die Abkehr von der übersetzten Landwirtschaft und die Hinwendung zur Industrie, die ein Magnet der immer rascher wachsenden Städte wurde. Zwischen 1848 und 1871 nahm Hamburg jährlich über 10 000 Neubürger auf, Bremen etwa 5 000, Hannover rund 3 000, Braunschweig 1 000 und Osnabrück etwa 600. Diese Zahlen stiegen in den folgenden Jahren noch erheblich weiter an.[13]

Es waren also vor allem die rapide wachsenden Industrie- und Hafenstädte, die zunächst Arbeitsuchende aus dem Umland anzogen. Wenn man auch in Mietskasernen und anderen dürftigen Wohnquartieren unterkommen und schwere Arbeit auf sich nehmen mußte, so bot sich hier doch die Gelegenheit, eine Existenz und damit eine Familie zu gründen, die den Besitzlosen im Dorf und den nachgeborenen Kindern der Bauern in der Heimat bisher verwehrt war.

Angezogen von den Industriestädten wurden aber nicht nur Dorfbewohner aus der Umgebung, sondern auch solche aus entfernteren Gebieten, insbesondere wenn sie bereits Facharbeiter waren, wie die Maurer aus dem Eichsfeld und die Ziegler aus dem Lipper Lande. Die Eichsfelder gründeten als eine katholische Minderheit in Norddeutschland in zahlreichen Städten Kolonien. Dadurch verminderte sich die Bewohnerzahl in den Heimatgemeinden erheblich, z. B. in dem auf Abb. 3 dargestellten Dorf Werxhausen zwischen 1831 und 1871 um 30 %.[14] Das war eine Abstimmung mit den Füßen gegen das platte Land. Sie bedeutete aber gleichzeitig eine Verbesserung der Lebensverhältnisse für diejenigen, die in den Dörfern blieben.

12 D. Saalfeld: Wirtschaftsgeschichte. In: E. Bühler u. a.: Heimatchronik des Landkreises Hannover. Köln 1980. S. 239–308, hier S. 242.
13 G. Uelschen: Die Bevölkerung in Niedersachsen 1821–1961. Hannover 1966.
14 A. Nolte: Das Dorf Werxhausen. Duderstadt 1983. S. 179.

In den industriereichen Gebieten, wie im Raum Hannover, Braunschweig, Osnabrück oder im Umkreis der Hafenstädte war die Abwanderung aus den Dörfern so stark, daß bald Klagen auf dem Lande über den Mangel an Arbeitskräften zu hören waren. Für die Landwirtschaft erwuchs eine immer mächtigere Konkurrenz, die wiederum Anstöße für eine verstärkte Mechanisierung der bäuerlichen Betriebsführung gab, zumal sich die Felder mit den durch die Verkoppelung geschaffenen großen Blockfluren bestens dafür eigneten und die in die Städte abwandernden Kleinbesitzer ihre Stelle und damit Kulturland zum Verkauf anboten. Dadurch entstanden hier große, bis heute rentabel gebliebene landwirtschaftliche Betriebe. Ihnen ist die „ausgeräumte, maschinengerechte" Landschaft zuzuschreiben, die besonders im Lößbördegebiet ausgeprägt ist und eines der typischen Kennzeichen der Gründerzeit als Nachwirkung der Agrarreformen auf dem Lande darstellt.

Schließlich bot ein Ventil für den nunmehr nachlassenden Bevölkerungsüberdruck der ländliche Raum selbst mit seinen neugeschaffenen Erwerbsmöglichkeiten in Handel, Handwerk und Dienstleistungsberufen (Bahn, Post u. a.). Auf die Intensivierung in der Landwirtschaft selbst wurde schon verwiesen. In der zweiten Hälfte des 19. Jahrhunderts fehlten sogar Arbeitskräfte in den Dörfern, so daß es üblich wurde, Erntearbeiter aus dem Osten zu holen, die in Schnitterkasernen und in anderen Massenquartieren untergebracht wurden.

Im industrieschwachen Osnabrücker Nordland und im Emsland kamen die Erbenhöfe durch die starke Abwanderung der Heuerleute nach Amerika oder in die Industriestädte an Rhein und Ruhr z. T. in erhebliche Bedrängnis, zumal in der Regel die besten Arbeitskräfte fortzogen, die nach den Markenteilungen bei den einsetzenden Kultivierungsarbeiten benötigt wurden. Das veranlaßte manche Betriebe, Heuerhäuser zu bauen und unter günstigeren Bedingungen, z. B. Zulassung eigener Viehhaltung und Ausweisung größerer Pachtflächen, neue Heuerleute zu gewinnen. Viele dieser zerstreut wohnenden Heuerleute wurden später zu Landbesitzern mit kleinen Eigenbetrieben, die größtenteils bis in die 60er und 70er Jahre unseres Jahrhunderts als landwirtschaftliche Betriebe erhalten blieben, dann aber zumeist aufgegeben wurden.

Seit der Jahrhundertmitte hatten sich mithin dem Bevölkerungsdruck im ländlichen Bereich drei Ventile geöffnet:
1. Die Auswanderung nach Amerika.
2. Die Abwanderung in die Industriestädte.
3. Die Kultivierung der bisherigen Gemeinheiten und Intensivierung der Landwirtschaft, die nun mehr Arbeitskräfte benötigte.

So bleibt als Ergebnis für die Frage nach den sozialen Auswirkungen von Gemeinheitsteilungen und Verkoppelungen ein „Sowohl — Als auch". Kurzfristig und regional begrenzt, konnten sie zu einer nochmaligen Verschlechterung der Lebensbedingungen von Häuslingen, Anbauern und Heuerleuten führen. Eine schon länger bestehende Erwerbskrise wurde zusätzlich verschärft. Ausdruck fand diese Situation sowohl in sozialen Unruhen auf dem Lande im Revolutions-jahr 1848 als auch in einer großen Zahl von Auswanderungen. Jedoch über einen Zeitraum von 20 bis 40 Jahren betrachtet, scheint es gelungen zu sein, die Existenzprobleme der landarmen Bevölkerung zu begrenzen oder im Rahmen des damaligen Lebensstandards zu lösen, nicht zuletzt dank der seit 1850 mit aller Macht einsetzenden Industrialisierung.

Literatur:

ACHILLES, W.: Die niedersächsische Landwirtschaft im Zeitalter der Industrialisierung 1820—1914. In: NdsJbLdsGesch 50/1978. S. 7—26.

BUCHHOLZ, E.-W.: Ländliche Bevölkerung an der Schwelle des Industriezeitalters. Der Raum Braunschweig als Beispiel. Stuttgart 1966.

HINRICHS, E. u. a.: Die Wirtschaft des Landes Oldenburg in vorindustrieller Zeit. Oldenburg 1988.

KRAUS, A.: Die rechtliche Lage der Unterschichten im Übergang von der Agrar- zur Industriegesellschaft. In: Vom Elend der Handarbeit. Probleme historischer Unterschichtenforschung. Stuttgart 1981.

LINDE, H.: Das Königreich Hannover an der Schwelle des Industriezeitalters. Neues Archiv für Niedersachsen 5/1951. S. 413—443.

SCHLUMBOHM, J.: Bauern — Kötter — Heuerlinge. Bevölkerungsentwicklung und soziale Schichtung in einem Gebiet ländlichen Gewerbes. Das Kirchspiel Belm bei Osnabrück, 1650—1860. In: NdsJbLdsGesch 58/1986, S. 77—88.

Ferner sei auf die in den Anmerkungen sowie in den vorhergehenden Kapiteln zitierte Literatur verwiesen.

M) Ausblick — Zur Bedeutung der Bauernbefreiung für die Geschichte des Dorfes

Hätte man vor 100 Jahren einen Historiker nach der Bedeutung gefragt, welche insbesondere die hannoversche Bauernbefreiung hatte, so wäre die Antwort eher unbefriedigend ausgefallen. Wahrscheinlich hätte sie gelautet, daß die hannoversche „Bauernbefreiung" gar keine richtige gewesen sei und damit auch keinen wichtigen Einschnitt innerhalb der nordwestdeutschen Agrargeschichte darstelle. Ihr besondere Aufmerksamkeit zu schenken, hätte er wohl abgelehnt. Die einschneidenden Entwicklungen,so hätte uns dieser Forscher geantwortet, lagen schon im 16. und 17. Jahrhundert, als der Staat eine Art Oberaufsicht über die Bauern durchzusetzen begann.[1]

Eine solche Bewertung mochte im Vergleich zur preußischen Bauernbefreiung angebracht erscheinen. Dort hatte die „Bauern-Befreiung" — so stellte Knapp in seinem bis heute berühmten Buch fest[2] — Hunderttausende von Bauern von ihren Höfen vertrieben und sie zwar zu freien, aber land- und besitzlosen Landarbeitern degradiert. In Hannover war nichts dergleichen geschehen. Die Zahl der 109 Landgüter mit über 100 ha Betriebsfläche war 1832 eher gering; daran änderten auch die folgenden Jahrzehnte nur wenig.

Das Ziel der Reform von 1831/33 war die Erhaltung eines mittleren, überlebensfähigen Bauernstandes. Ein Blick in die zeitgenössische Statistik zeigt, daß dieses Ziel erreicht worden war. 1832 hatten im Königreich Hannover 39 000 Stellen mit einer Größe von 10—100 ha bestanden, 50 Jahre später war diese Zahl (nun in der preußischen Provinz Hannover) sogar dank der Landzuweisungen im Rahmen der Verkoppelungen auf 46 400 angestiegen. Noch stärker war die Zunahme der Kleinstellen von 2—10 ha Größe, deren Zahl sich von 50 470 (1832) auf 92 400 (1882) fast verdoppelte.[3] Einen Bruch in der Entwicklung, gar ein Rückgang der bäuerlichen Stellen oder bäuerliche Landverluste wie in Preußen hatte es nicht gegeben. War die Bauernbefreiung demnach nur eine nebensächliche Episode? Unsere Bewertung hängt von den gewählten Maßstäben ab. Ändern wir sie, so ergibt sich ein neues, aufregendes Bild. Denn dann zeigt sich, daß die Bauernbefreiung innerhalb der Geschichte des flachen Landes einen epochalen Einschnitt darstellt.

---

1 Die genannte Antwort ist so hypothetisch nicht, denn sie entspricht der Argumentation von Werner Wittich in seinem Buch über die „Grundherrschaft in Nordwestdeutschland", Leipzig 1896.

2 Geschrieben wurde es von Georg Friedrich Knapp 1887. Der vollständige Titel lautet bezeichnenderweise: „Die Bauernbefreiung und der Ursprung der Landarbeiter in den älteren Theilen Preußens." Der Begriff Bauernbefreiung wurde erst durch dieses Buch geprägt.

3 Berechnet nach H.-H. Wächter: Die Landwirtschaft Niedersachsens vom Beginn des 19. bis zur Mitte des 20. Jahrhunderts. Bremen-Horn 1959. S. 73 u. S. 76.

Blicken wir zunächst auf die direkt erkennbaren Veränderungen, so stellen wir folgendes fest:

Die Gemeinheitsteilungen und Verkoppelungen schufen weitgehend die jetzigen Besitzgrenzen mit dem gegenwärtigen Wege- und Grabensystem und damit den Rahmen für das bis heute gültige Kulturlandschaftsmosaik, wie es sich in den Luftbildern darbietet. Statt der in kleine und kleinste Parzellen zersplitterten Flur wurden die neu zugeteilten Besitzblöcke und -streifen nunmehr so groß bemessen, daß die Landwirte den Anbau selbst bestimmen und sich damit den jeweils günstigsten wirtschaftlichen Bedingungen anpassen konnten. Das Ergebnis waren neue Fruchtfolgesysteme und Arbeitstechniken, die wesentliche Ertragssteigerungen brachten. Endlich gab es auch klare Besitzgrenzen, um die vorher so häufig gestritten worden war. Und auch die Unstimmigkeiten in den vielfältigen Nutzungsrechten wurden beseitigt.

In den ehemaligen Gemeinheiten (Marken) begann nach der Privatisierung zunächst die Umgestaltung der graswüchsigen Niederungen. Aus buckeligen, von Bäumen, Büschen und Wildgräsern bestandenen Talauen wurden planierte, von Entwässerungs- und Staugräben durchzogene Wiesen, in denen die Besitzgrenzen vielfach durch Wallhecken markiert wurden. Auch hier konnten die Erträge um ein Vielfaches gesteigert und damit mehr Vieh, insbesondere Kühe, gehalten werden.

Die den Landwirten zugefallenen ehemaligen Heideflächen wurden nach und nach umgebrochen und größtenteils zu Viehweiden gemacht. Oder sie wurden aufgeforstet, wodurch alte Landschaftsschäden mit Dünenneubildung und Wehsandflächen geheilt werden konnten.

Die Wälder dehnten sich besonders auf den Flächen aus, die dem Staat zugefallen waren. Aus den Lüneburger, den emsländischen und oldenburgischen Heiden wurden durchweg Waldgebiete. Der Staat setzte auf besseren Böden auch Neusiedler an. Allerdings wurde nach den Gemeinheitsteilungen auch manche in Privatbesitz gefallene Waldfläche abgeholzt und zu Acker- oder Grünland gemacht, wodurch besonders im Lößbördegebiet eine eintönige Ackerbaulandschaft entstanden ist, die zwar Höchsterträge bringt, jedoch ihre landschaftlichen Reize verloren hat.

Durch die Bauernbefreiung im engeren Sinne, d. h. durch die Ablösung der Dienste und Lasten und durch die Überführung der Hofstellen in bäuerliches Eigentum, veränderten auch die Dörfer ihr Gesicht. Bauern und Kleinbesitzer lösten sich nach und nach aus der Isolierung, aus dem hauswirtschaftlichen Denken, und fingen an, marktwirtschaftlich zu handeln und die Bodennutzung, den Viehbestand und auch die Hofplätze nach der jeweiligen Wirtschaftslage einzurichten. Manche Bauern siedelten aus der beengten feuergefährdeten Wohnlage im Dorf auf die neu zugeteilten Felder oder an den Rand des Dorfes. Damit wurde, insbesondere im Gebiet westlich der Weser, das Siedlungsmuster der geschlossenen Dörfer und alten Einzelhöfe aufgegeben. Streusiedlungen traten an ihre Stelle, die heute das Siedlungsbild bestimmen. In anderen Landesteilen verdichteten sich die Dorfkerne durch Hofteilungen und neue Kleinbesitzer; denn wenn auch die nicht gemeinheits- bzw. markberechtigten Kleinbesitzer bei den Teilungen leer ausgegangen und dadurch z. T. in große Not geraten waren, so gab es doch andererseits genügend Häuslinge, Brinksitzer und „Knechte", die sich durch Arbeit und Sparsamkeit einen Hausplatz und etwas Land erworben hatten, wodurch die Bevölkerungszahl der Dörfer gewachsen war und weiter wuchs.

Insgesamt bleibt festzustellen, daß mit der Bauernbefreiung und den Agrarreformen der Umbruch der ländlichen Wirtschaft einsetzte und ein gänzlicher Wandel des Flurbildes erfolgte. Nachdem die Agrarreformen den Anfang gemacht und die kollektive Nutzung der Gemeindeflächen aufgehört hatten, setzten auf individueller Basis, begünstigt durch die Einführung des Mineraldüngers sowie durch zahlreiche technische Neuerungen und Züchtungserfolge unvorhersehbare Ertragssteigerungen ein, die bis heute andauern. Die Tragfähigkeit des ländlichen Raumes konnte so um ein Vielfaches erhöht werden.

Ernährte um 1820 ein Bauer nur vier andere Personen, so produzierte er 1980 Nahrungsmittel für 45 Personen. 1980 waren nur noch etwa 6 % der Bevölkerung in der Landwirtschaft tätig gegenüber etwa 60 % um 1800. Diese 6 % versorgen nicht nur die derzeit 7,2 Mill. Einwohner Niedersachsens mit den Hauptnahrungsmitteln, sondern erzielen darüber hinaus noch große Überschüsse, die in anderen Ländern abgesetzt werden müssen. Das war den Bauern um 1820 nicht möglich, obwohl auf der Gesamtfläche Niedersachsens damals erst 1,8 Mill. Einwohner lebten. So ist aus einem vor rund 200 Jahren noch häufig von Hungersnöten und Armut geplagten dünnbesiedelten Land ein Lebensmittel-Überschußgebiet geworden.

Aber auch in einem weiteren Sinn bedeutete die Bauernbefreiung einen tiefen Einschnitt. Mit ihr endeten Lebensformen, die in ihren Grundzügen seit dem 15. Jahrhundert bestanden. Dies galt sowohl für die oben beschriebenen genossenschaftlichen wie für die herrschaftlichen („feudalen") Abhängigkeiten. Doch nicht nur für sie. Vielmehr war der allgemeine Lebensrhythmus auf dem Lande trotz mancher Veränderungen weitgehend gleich geblieben. Hierzu gehörte etwa die zwar nicht strikte, aber doch deutliche Trennung von Stadt und Land. Sie war in vielen Bereichen sichtbar, etwa wenn bestimmte Handwerksberufe nicht auf dem flachen Land ausgeübt werden durften oder die Stadtbürger mehr Freiheitsrechte hatten. Der Bauer oder allgemeiner noch der Landbewohner galt als der Dumme schlechthin, war in den Augen der Städter, die sich selbst als Gebildete sahen, der mindere Mensch. Die Bauern waren immer wieder, sei es im Mittelalter, sei es in der frühen Neuzeit, Zielscheibe bösartigen, erbarmungslosen Spotts der Stadtmenschen. Zu dem Spott gesellten sich Argwohn und Angst, denn die Arbeit der Bauern bildete die Basis der Gesellschaft, ohne ihre Mühen konnten die Städter nicht überleben, wären die Adligen nicht zu ihren Burgen und Schlössern gekommen, stünden keine Kathedralen. All dies wurde den Bauern nicht selten abgepreßt ohne Rücksicht auf ihre Lage. 1532 schrieb Sebastian Franck über die Bauern:

„Diß müselig Volk der Bauern, Kübler, Hirten etc. ist der vierd Stand, deren Behausung, Leben, Kleidung, Speis, Weis etc. weiß man wohl, ein seer arbeitsam Volks, das jedermans Fußhader ist und mit Fronen, Scharwerken, Zünsen, Gülten, Steuren, Zöllen hart beschwert und überladen ist, doch nichts dest frümmer [trotzdem nicht frömmer als andere], *auch nit wie etwan ein einfältig, sunder ein wild hinterlistig, unzämpt Volk.*"[4]

Als ein „wild, hinterlistig, unzämpt Volk" beschrieb der Autor des 16. Jahrhunderts die Bauern, und er mochte schon wissen, wovon er schrieb, hatten doch erst wenige Jahre zuvor die mittel- und süddeutschen Bauern dem Adel, den Fürsten und der Kirche das Fürchten gelehrt. Letztlich waren die Bauern gegen die geschickt agierenden Fürsten unterlegen gewesen, aber die Furcht vor einem neuen Bauernkrieg hielt sich über Jahrhunderte, sie lebte bei jeder Revolution in Europa wieder auf, zuletzt 1848.

Vorurteile gegen die Bauern gab es viele. Manche dienten wohl eher der Bestätigung eigener Überlegenheit. Sie beweisen übrigens eine erstaunliche Lebenskraft, denn das Bild vom dummen tölpelhaften Bauern ist heute noch vielfach anzutreffen, und das Wort „Bauer" wird z. T. immer noch als ein Schimpfwort benutzt.

Im 18. Jahrhundert begann sich dies allmählich zu ändern. Das Landleben zog selbst Adlige und Könige an. Es dürfte eine der wichtigsten Nebenerscheinungen der Bauernbefreiung sein, daß von aller materiellen Besserstellung, von aller Lösung aus Abhängigkeit abgesehen, auch das Bild vom Bauern einer Wandlung unterzogen wurde. Nach 1830 stieg das Ansehen der Bauern, und zwar um so schneller, je mehr Herrscher und Regierungen in ihnen einen Schutz gegen sozialen Aufruhr und Revolutionen zu finden hofften.

Gleichzeitig besserten sich die Lebensbedingungen der ländlichen Bevölkerung kontinuierlich. Wenn heute wenig Unterschiede zwischen den Lebensbedingungen und Lebensgewohnheiten der städtischen und der ländlichen Bevölkerung bestehen, wenn etwa Landkinder eine vergleichbare Schulbildung wie Stadtkinder erfahren, so hat das auch etwas mit den durch die und während der Bauernbefreiung einsetzenden Verbesserungen zu tun.

An dieser Stelle soll noch einmal das 19. Jahrhundert betrachtet werden. Bislang wurde die Bauernbefreiung nur mit Blick auf das Dorf dargestellt. Für die Zeit bis 1800 mag das insgesamt berechtigt sein, denn die Masse der Menschen lebte eben auf dem Lande, und alle anderen lebten von der Arbeit der Landbewohner.

---

4 Zit. nach Günter Franz, Hrg.: Quellen zur Geschichte des deutschen Bauernstandes in der Neuzeit. Darmstadt 1963. S. 27.

Seit etwa 1850 war das anders. Deutlich wird dies an dem schnellen Ausbau des Eisenbahnnetzes. Auch viele Dörfer kamen in den Genuß einer Bahnstation. Gleichzeitig schuf die Eisenbahn neue Arbeitsplätze für Lok- und Bahnpersonal, in Lok- und Waggonfabriken, in Stahlwerken und Kohlegruben. Am Anfang des Jahrhunderts war die Lösung der „Agrarfrage" eines der zentralen Anliegen von Politikern und Wissenschaftlern gewesen. Spätestens seit 1848 war sie grundsätzlich gelöst, die „Arbeiterfrage" trat an ihre Stelle. Die Maschine und die Fabrik wurden zum Sinnbild des Jahrhunderts. Es begann die Industrielle Revolution. Die Bauernbefreiung hatte dafür viele Voraussetzungen geschaffen; nun wirkte die Industrielle Revolution auf die Dörfer und die hier lebenden Menschen zurück.

Sie erschloß die Dörfer stärker ihrer Umwelt, gab den Menschen neue Arbeitsplätze, förderte auch den Hang, Neues auszuprobieren, städtische Vorbilder nachzuahmen. Dazu änderte sich der Lebensrhythmus auf dem Lande. Die Maschinen hielten auch dort ihren Einzug: bald tauchten die ersten Dampfmaschinen auf, mit denen gepflügt oder gedroschen wurde. Sie erleichterten die Arbeit und sparten vor allem die inzwischen teuren und raren Arbeitskräfte ein. Die Landwirtschaft geriet in einen immer schnelleren Strudel, aus dem sie bis heute nicht herausgekommen ist. Hohe Löhne zwingen zum verstärkten Einsatz von Maschinen. Dabei sinken die Preise für landwirtschaftliche Produkte ständig. Hunger war ab 1880 kein Problem mehr in Europa, doch gleichzeitig stiegen die Probleme für die Bauern an. Zunehmend mußte der Staat helfend und dirigierend eingreifen, vor allem, als billiges ausländisches Getreide auf den deutschen Markt drängte. So hat die Bauernbefreiung auch hier ihren Hinter-Sinn. An die Stelle der Abhängigkeiten von Grundherren traten die vom Markt und vom Staat.

In diesem Baustein ist viel von Abhängigkeit geschrieben wurden. Dabei darf jedoch nicht übersehen werden, daß die vielen Formen der Abhängigkeit den Bauern auch Schutz und Sicherheit boten. Mit der Erblichkeit seit dem 16. Jahrhundert war die Gefahr, einen Hof zu verlieren, für eine bäuerliche Familie äußerst gering, selbst hohe Schulden bildeten keine zu große Gefahr.

Nach der Bauernbefreiung war dies anders. Der Konkurs war eine große Drohung für die Höfe, die gleichzeitig immer abhängiger von den Preisen wurden, die erst vom Markt, dann vom Staat, jetzt von der EG diktiert wurden.

Abhängigkeiten vom Staat sind auch in anderen Bereichen hinzugetreten. Innerhalb der Gemeinde konnten die Gemeindemitglieder weitgehend selbst über ihre Angelegenheiten bestimmen, nur selten wurde von außen in das Dorf hineinregiert, solange Grundherren und Staat ihre Abgaben erhielten. Ablösungen, Gemeinheitsteilungen und Verkoppelungen brachten zwar die Befreiung von diesen Herren. An ihre Stelle trat nun aber der Staat — mit besseren Verwaltungsmethoden und noch größeren Möglichkeiten, die Verhältnisse innerhalb des Dorfes zu beeinflussen. Auch wenn die Betroffenen noch zu Wort kamen, so begann hier die Wende zu einer immer stärkeren Einmischung des Staates und seiner Organe in das Dorf. Selbst die Gemeinde änderte sich. Nach den Gemeinheitsteilungen standen sich im Dorf politische Gemeinde und Realgemeinde (als Sondergruppe der ehemals Gemeinheitsberechtigten) gegenüber. Am Ende dieser Entwicklung steht heute das Dorf, das als politische Einheit nur noch selten existiert und zumeist in Großgemeinden aufgegangen ist.

Die Bauernbefreiung ist also in ihren weitreichenden und durch die Industrialisierung verstärkten Folgen für das Dorf widersprüchlich. Den großen Verbesserungen im 19. Jahrhundert folgten bald Veränderungen, die die überkommenen ländlichen Lebens- und Arbeitsformen völlig neu gestaltet haben und die sich heute für die Landwirtschaft existenzbedrohend auszuwirken scheinen. Kosmetik allein („Unser Dorf soll schöner werden") hilft nicht. In dieser Situation mag der Blick auf die Bauernbefreiung helfen, die gegenwärtige Situation und ihre Ursprünge besser zu verstehen. Das löst noch nicht die jetzigen Probleme. Aber es trägt vielleicht dazu bei. Und das wäre nicht wenig. Der Heimatforscher, der für „sein" Dorf schreibt, sollte diese Möglichkeit nutzen.

Register

Autorenspiegel

Dr. Karl Heinz Schneider, geb. 1953, 1972—1977 Studium der Geschichte und Germanistik in Hannover, seit 1981 Dozent in der Erwachsenenbildung, Lehraufträge an der Universität Hannover.

Veröffentlichungen u. a.:
— Die landwirtschaftlichen Verhältnisse und die Agrarreformen in Schaumburg-Lippe (Rinteln 1983).
— 1933 — Schaumburg wird braun (Stadthagen 1983).
— Die Arbeit mit Fachliteratur (Hannover 1987).

Anschrift des Verfassers:
Zum Althof 3
3063 Obernkirchen

Dr. rer. nat. Hans Heinrich Seedorf, bis 1988 Professor am Geographischen Institut der Universität Hannover. Forschungs- und Lehrgebiete: Landeskunde von Niedersachsen, Nordische Länder, Australien und Neuseeland.

Veröffentlichungen:
— Reliefbildung durch Gips und Salz im niedersächsischen Bergland. Bremen-Horn 1955 (= Math.-Nat. Diss. Göttingen 1952).
— 14 Karten im Deutschen Planungsatlas Bd. II — Niedersachsen und Bremen. Hannover 1961.
— Der Landkreis Verden. Amtliche Kreisbeschreibung. 463 S. Hannover 1962.
— 12 Karten im Verwaltungsatlas des Landes Niedersachsen. — Hannover 1967.
— Der Landkreis Wesermünde. Amtliche Kreisbeschreibung. 449 S. Bremen-Horn 1968.
— Entwicklung und Aufgaben der niedersächsischen Landeskunde. Berichte z. deutschen Landeskunde 46, 1972, S. 135—152.
— Kreisheimatmuseum Springe. Museumsführer — Springe 1974.
— Topographischer Atlas Niedersachsen und Bremen. Neumünster 1977. Eine Landeskunde in 111 Karten. 289 S.
— Stufen der Kulturlandschaftsentwicklung im hannoverschen Stadtgebiet vom frühen Mittelalter bis zur Gegenwart. — Hannover und sein Umland. Jahrbuch für 1978 der Geographischen Gesellschaft zu Hannover, S. 18—49.
— Niedersachsen, Hamburg und Bremen im Satellitenbild. — Erläuterungstext zum Deutschen Planungsatlas II: Niedersachsen und Bremen, Lieferung 2 = Veröff. d. Akademie f. Raumforschung u. Landesplanung 1982. Hannover. S. 10—41.
— zus. m. H.-H. Meyer: Landeskundlich-statistische Übersichten Niedersachsen — Land — Regierungsbezirke — Landkreise — Kreisfreie Städte. — Hrsg.: Der Niedersächsische Minister des Innern. Hannover 1982. 232 Seiten, 53 Karten.

- Landesgeschichte und Geographie. — Niedersächsisches Jahrbuch 57, 1985, S. 39—54. Sittensen, Landkreis Rotenburg (Wümme), landschaftskundlicher und kulturgeschichtlicher Abriß von der Eiszeit bis zur Gegenwart. — Rotenburger Schriften 63, 1985, S. 75—120.
- Der Harz, Landschaftsgenese, Bergbau und Strukturprobleme in einem Mittelgebirge. — Geographische Rundschau 38, 1986, S. 251—258.
- Hannover und Umgebung vor 200 Jahren. — Erläuterungen zum Zusammendruck der Blätter 116, 117, 122 und 123 der Kurhannoverschen Landesaufnahme des 18. Jahrhunderts aus dem Jahre 1781. Hannover 1986, 31 S.
- Umweltprobleme aus historischer Sicht. — Zeitschr. Niedersachsen, 1987, S. 157—160.
- Bemerkungen zur einstigen Bedeutung, zum Niedergang und zu den heutigen Aufgaben der Landeskunde in Niedersachsen.
- Landeskunde und Staatsbildung in Niedersachsen. Neues Arch. f. Niedersachs. H. 1, 1989, S. 15—17, H. 3, 1989, S. 7—21.
- Historisch-Landeskundliche Exkursionskarte von Niedersachsen. Blatt Rotenburg (Wümme) Erläuterungsheft. — Hildesheim 1989.
- Weitere Aufsätze in den Zeitschriften: Neues Archiv für Niedersachsen, „Niedersachsen“, Niedersächsisches Jahrbuch für Landesgeschichte, Rotenburger Schriften, Berichte zur deutschen Landeskunde, UNI Hannover u. a.

Anschrift des Verfassers:
Otto-Wehner-Straße 29
3257 Springe 1